W0191538

Die 100 wichtigsten Dinge

institut für
zeitgenossenschaft

HATJE
CANTZ

IM
ERSCHEINEN
VERLAG

1   Max Schemmler: *Die Dringlichkeit der Dinglichkeit. Jubiläumsausgabe in drei Bänden.* Im Erscheinen, Düsseldorf 2016, S. 1. Zur Ontoheuristik der Dinge vgl. weiterhin den Abschnitt »Wichtig werden« in: Max Schemmler: *Die Wirksamkeit der Wichtigkeit.* Im Erscheinen, Düsseldorf 2017, S. 472–596.

Mit den Dingen ist es ja so eine Sache. Manch einer glaubt, sie gehörten längst abgeschafft. Seit vielen Jahren arbeiten die klügsten Köpfe daran, uns vom Zwang des Materiellen zu befreien. Wer braucht die physische Welt, wenn es die künstliche gibt? Datenströme sind schneller als Pferdekarren, Ideen freier als Inbusschlüssel, Subjekte schöner als Objekte. In Zeiten von Digitalisierung und Virtualisierung sehen die Dinge ziemlich alt aus. Und dennoch: So sehr der Fortschrittsgeist sich wünscht, sie zu überwinden, so beharrlich weigern sie sich zu verschwinden.

Die Dinge sind da. Sie sind mitten unter uns, umgeben und umstellen uns, verleiten und verprellen uns. Dem Bestreben, sich über sie zu erheben, setzt das *Institut für Zeitgenossenschaft IFZ* nun ein wie immer vorläufiges Ende. Die vorliegende Publikation, Ergebnis jahrelanger harter und entbehrungsreicher Forschungsarbeit, ist der bislang bedeutendste Beitrag der Weltwissensgemeinschaft zur Lage der Dinge. Als Untersuchung zeitgenössischen Rechts hat sie sämtliche intuitiv-indikativen Prüfstellen durchlaufen und ist somit im Rahmen der geistigen Gegenwart besonders legitimiert.

Mit *Die 100 wichtigsten Dinge* läutet das *Institut für Zeitgenossenschaft IFZ* den Beginn einer neuen Ära der Objektforschung ein. In der Nachfolge Max Schemmlers, dem wichtigsten Ding-Denker des 20. Jahrhunderts, bekennt sich das *IFZ* zur fassbaren Ding-Diagnostik unter zeitgenössischen Bedingungen. »Wert und Wesen der Dinge«, so Schemmler in seinem 1975 erschienen Grundlagenwerk *Die Dringlichkeit der Dinglichkeit*, »bleiben all jenen verborgen, die sie zu begreifen versuchen, ohne sich von ihnen ergreifen zu lassen.«[1]

Eben dieser Maxime fühlt sich das *IFZ* in besonderer Weise verpflichtet. Sein Forschungsprogramm ist darauf ausgerichtet, die Dinge nicht nur wahrzunehmen, sondern auch ernst zu nehmen. Was die von Max Schemmler begründete Schule der Neuen Dinglichkeit bereits anzudenken begann, wird hier nun fortgeführt, verdichtet und erweitert. Dabei geht es dem *IFZ* darum, einerseits

der durch die Digitalisierung verdrängten Dinglichkeit wieder zu ihrem Recht zu verhelfen, und andererseits den Lauf der Dinge als sachorientierten Erkenntnisprozess zur Geltung zur bringen.

Insofern ist die Studie *Die 100 wichtigsten Dinge* mehr als Katalog und Kompendium, mehr als Index und Inventur, mehr als Archiv und Archäologie. Sie ist Teil einer beweglichen Wissenskonstellation, deren dynamische Operativität immer wieder neu in Erscheinung tritt. Nicht weniger ist dabei gewollt und erreicht als die Dinge endlich beim Namen zu nennen.

☛ Lisa Gotto, Köln

»Der schwarze, monumentale Monolith in Stanley Kubricks *2001: Odyssee im Weltraum* – würde dieses kosmische Ding wirklich eines Tages erscheinen, es müsste für alle Zeiten als das wichtigste der Zeitgenossenschaft, ja einer jeden Wissenschaft gelten. Ich hoffe, dies wird niemals geschehen.«

Max Schemmler

»In der Dunkelheit der Gegenwart jenes Licht wahrzunehmen, das uns vergeblich zu erreichen versucht, heißt zeitgenössisch sein. Deshalb sind Zeitgenossen so selten. Und deshalb ist Zeitgenossenschaft zunächst eine Frage des Mutes. (…)

Sie verlangt also, bei einer Verabredung pünktlich zu sein, die schlechterdings nicht zustande kommen kann.«

Giorgio Agamben

»Das ɪꜰᴢ ist ein semiotischer
Sturm der Windstärke Sieben. Das,
was wir Fortschritt nennen,
ist dieser Sturm. Vorwärts zum Licht,
rückwärts nach Frankfurt!«

Institut für Zeitgenossenschaft ɪꜰᴢ

Ein Buch beginnt mit dem ersten Satz. Unsere Forschung beginnt mit den Dingen. Die Wichtigkeit der Dinge für unser Leben ist unbestreitbar. Erst die Dinge ermöglichen es uns, so zu leben, wie wir es tun. Über unwichtige Dinge wurde bereits ausreichend geschrieben, hier geht es um die wichtigsten. Wichtig insofern, als dass die hier versammelten Dinge das Fundament einer jeden Erkenntnis über unsere Welt und ihre Wirklichkeiten bilden. Das Ziel war stets die Benennung materieller Wahrheit.

Ob ein Ding wichtig ist, erkennt man persönlich im Alltag nicht einfach daran, dass es gefällt oder dass es für einen bestimmten Zweck brauchbar ist. Die Wichtigkeit eines Dings ist weder von individuellen Urteilen noch von Einzelfällen abhängig. Was dem einen dient, kann für einen anderen völlig wertlos sein. Urteile des Geschmacks sowie der Nützlichkeit sind leicht revidierbar und daher wissenschaftlich wenig relevant.

Ebenso ist es kaum zielführend, nur Dinge zu untersuchen, die mit einer gewissen Häufigkeit vorkommen; Dinge, die von vielen Leuten besessen werden; Dinge, deren Wichtigkeit sich vielleicht im Gebrauch herauskristallisiert, entwickelt und bewährt hat; Dinge, deren Wichtigkeit sich somit als Erfolgsgeschichte erzählen lässt, beispielsweise die eines ökonomischen Gewinns. Das Problem einer derartigen Bewertung liegt ebenfalls auf der Hand: Ökonomische, kulturelle oder symbolische Erfolge, für welche sich gerne Kritiker und Experten mit speziellen Interessen begeistern, sind sehr von vorübergehenden Moden abhängig, doch es mangelt ihnen an objektiven, wissenschaftlichen Argumenten.

Eine dritte Herangehensweise scheint daher vielversprechender: Über die Wichtigkeit der Dinge entscheiden allein die Dinge selbst! Nur anhand einzelner Dinge in ihrem Verhältnis zu anderen kann erkannt und sicher entschieden werden, ob ein Ding wichtig ist. Folglich können drei Kriterien beschrieben werden, nach denen sich Dinge als wichtigste Dinge definieren lassen:

1. Ein Ding gehört zu den wichtigsten, wenn es stellvertretend für eine ganze Gruppe von Dingen betrachtet werden kann, zum Beispiel als Repräsentant einer bestimmten Dinglichkeit, einer spezifischen Form, Funktion oder Idee, eines Problems oder einer Materialität. Im wichtigen Ding wird so auch eine Vielzahl an anderen, unwichtigeren Dingen erkennbar und evident. Das Ding, das zu den wichtigsten zählt, steht somit oftmals paradigmatisch für eine große Anzahl anderer Dinge und bündelt diese in und durch seine Beschaffenheit. Es ist somit eines, das vielen anderen zugrunde liegt, und macht bestimmte Dinge miteinander vergleichbar.

2. Ein Ding ist ebenso eines der wichtigsten, wenn es nicht bloß dem stereotypen Klischee eines Dings entspricht (wie beispielsweise das Rad), sondern wenn es sich selbst infrage stellt und das Sein seiner Dinglichkeit kritisch reflektiert und durchbricht. Die wichtigsten Dinge sind schon immer solche gewesen, die sich im Verlauf der Zeit allmählich durch einen langsamen Akt des eindrucksvollen Emporsteigens zu solchen entwickelt oder die auf schlagartige Weise plötzlich ein fundamentales Problem der materiellen Welt gelöst haben. Die wichtigsten Dinge sind in ihrer endgültigen Formung einmalig, können zwar mit anderen Dingen verglichen werden, bleiben jedoch selbst unvergleichlich.

3. Ein Ding ist eines der wichtigsten, wenn es in seiner Entstehung oder schlicht durch seine bloße Existenz alle Fragen nach Dinglichkeit, der Vollendung und des Fortschritts hinter sich lässt. Ein wichtiges Ding ist ein wichtiges Ding. Die wichtigsten Dinge verweisen dabei stets auch auf das Unbekannte im Bekannten, das Nicht-Sichtbare im Sichtbaren, das Nichts im Sein, das Zeitlose im Endlichen, das Undingliche im Ding und negieren folglich ihre Negation.

So vielseitig die Kategorisierungen der wichtigsten Dinge, so unterschiedlich auch die Gattungen der Texte, die im Folgenden von ihnen berichten. Die in diesem Buch versammelten Formulierungen, welche die Fotografien der Dinge nicht im Sinne von Legenden erklärend begleiten, sondern als den Bildern ebenbürtige wissenschaftliche Definitionen betrachtet werden müssen, lassen sich in folgende Familien unterteilen:

a Texte, die von Gastautoren verfasst wurden

b als Zitate markierte Texte

c verworfene

d scheinbare Pamphlete oder Anamnesen

e Texte über die Attrappe

f fiktive, aber seriöse Texte

g ohne Satzzeichen

h in diese Gattung gehörende

i die sich auch vorlesen lassen

j zuvor auf einer Schreibmaschine verfasste

k die sich nicht widersprechen

l die sich reimen

m dem Denken eine Grenze ziehende

Immer dann, wenn auf eine besondere argumentative, theoretische wie praktische Komplexität innerhalb der schriftlichen Reduktion hingewiesen werden muss, wird diese durch Verlinkungen der Dinge markiert. Was abstrakt klingt, ist im Text mit einem ☛ kenntlich gemacht. Durch die Verbindungen zwischen den wichtigsten Dingen eröffnen diese in ihrer Gesamtheit einen Horizont aller Möglichkeiten einer Materialität wissenschaftlicher Wichtigkeit.

Diese endgültige Definition und Auswahl bildet Gerüst und Rahmen für eine Wissenschaft, die wir Zeitgenossenschaft nennen. Seit ihrer Gründung hat sich die Zeitgenossenschaft nicht nur für

Wahrheit und Schönheit interessiert, sondern stets auch die Frage nach der Wichtigkeit wissenschaftlicher Erkenntnis gestellt. Wahr und schön, das mögen viele Wissenschaften sein, aber erst wenn Wahrheit und Schönheit auf Wichtigkeit treffen, kann Erkenntnis auch jenseits von Forschungseinrichtungen und Universitäten erzielt werden. Zeitgenossenschaftler wollen wissen, was wirklich wichtig, was also wissenschaftlich relevant ist – und zugleich ist wissenschaftlich relevant, was wirklich wichtig ist.

Dieses Buch soll fortan die Grundlage für jegliche Auseinandersetzung mit den Dingen innerhalb der Zeitgenossenschaft sein. Alles, was der Zeitgenossenschaftler benötigt, um über die Dinge nachzudenken, findet er hier. Allen anderen Disziplinen und Schulen hoffen wir ebenso wegweisende Impulse geben zu können. Auch soll es denjenigen hilfreich sein, die bisher gar nichts mit Wissenschaft anzufangen wussten. Jeder soll erfahren, dass dieses Buch existiert, denn umso mehr es gelesen wird, desto berechtigter die Hoffnung, dass eines Tages ein noch wichtigeres Buch erscheint.

Derjenige, der es unsachgemäß zur Hand nimmt, wird darin eventuell Gedanken vorfinden, die ihm bekannt vorkommen. Der gewissenhafte Leser indes wird bemerken, dass Vieles von dem, was hier geschrieben steht, neu und ungedacht ist. Zugleich richtet sich dieses Buch grundsätzlich gegen ein falsches Verständnis von Wissenschaft, das sein Verfassen überhaupt erst notwendig gemacht hat.

Das Schöne dabei ist, dass man einfach nur ein Buch wie das vorliegende aufschlagen muss, um zu erahnen, was Zeitgenossenschaft sein kann. Alles, was man über Zeitgenossenschaft wissen und erfahren muss, erfährt man dank der Zeitgenossenschaft und auch dank dieser Publikation.

Mittels einer umfassenden Neuformulierung von Wahrnehmung verhandelt das *Institut für Zeitgenossenschaft* IFZ in seiner Forschung zwischen Bürokratie und Wirklichkeit. Eines der formulierten Hauptziele ist die Entdeckung und Erforschung des ›Gegenteils von

Verwaltung‹. Was genau dieses Desiderat bedeutet, das wird auch in den Texten der vorliegenden Forschungsarbeit ersichtlich.

Die Zeitgenossenschaft ist die erste und einzige Wissenschaft, die gänzlich außerhalb von traditionellen akademischen Institutionen praktiziert wird. Hierfür müssen beständig soziale, bürokratische und methodische Grenzen der Wissenschaft überschritten werden, damit Erkenntnisse in allen Bereichen der Gesellschaft gewonnen werden und auch Anklang finden können.

Die Wissensfelder der noch jungen Zeitgenossenschaft integrieren dabei jedoch insgesamt eine Vielzahl an klassischen Disziplinen sowie wissenschaftliche Ansätze verschiedenen Ursprungs. Es liegt daher auf der Hand, dass das vorliegende Buch nur einen kleinen Einblick in einen weiten Kosmos aufzeigen kann.

Grundlegende Orientierung boten Theorien und Methoden, wie sie schon in den späten 1960er-Jahren im Anschluss und im fruchtbaren Austausch mit der Frankfurter Schule der Kölner Anthropologe und Sozialwissenschaftler Max Schemmler entwickelte. Auch die Wissenschaftsgeschichte von Bertram Likursi (*Geschichte als Anhäufung von Gewesenem*) sowie die ästhetische Phänomenologie von Steven Geil (*Die Raute. Studien zu einer Philosophie geometrischer Formen*) dürfen an dieser Stelle nicht unerwähnt bleiben.

Bei den versammelten Dingen, Texten und Fotografien handelt es sich um ein eigenständiges, programmatisch wohl überlegtes und finales Forschungsergebnis. Dass es letztendlich ausgerechnet 100 Dinge wurden, die heute aus zeitgenossenschaftlicher Perspektive als die wichtigsten bezeichnet werden müssen, damit konnte vorher niemand rechnen, das hat nach all den Jahren der akribischen Analysen selbst die Zeitgenossenschaftler überrascht – schließlich waren es doch mehr als erwartet.

Leser, die sich ein wenig besser mit Wissenschaft auskennen, wissen, dass es selten vorkommt, dass ein derart umfassendes und abgeschlossenes Werk vorgelegt wird. Man sieht: Es geht doch!

Möglich wurde dies nicht zuletzt durch die Zusammenarbeit der Verfasser des IFZ mit zahlreichen weiteren Autoren. Mag für manch eine philosophische Schule der Autor schon längst tot sein, so erwidert die Zeitgenossenschaft: Der Autor ist tot, es leben die Autoren!

Wissenschaft ist nicht denkbar ohne diejenigen, die Wissenschaft betreiben. Wenn man wissen möchte, was Zeitgenossenschaft ist, dann muss man sich zunächst auch für die Zeitgenossenschaftler selbst interessieren. Zeitgenossenschaftler sind sehr unterschiedliche Typen, sie kommen aus verschiedenartigsten Kontexten und lassen sich auf keine gemeinsame, nicht einmal auf eine ähnliche Herkunft zurückführen. Auch sind sie keine reinen, klassischen Wissenschaftler, sondern in viele Richtungen Schreibende, dringliche Denker, enthusiastische Macher, begeisterte Kenner und Könner; sie sind Barkeeper, Universitätsprofessor, Musiker, Chefredakteur, Lebemann, Künstler, Moderator, Schriftsteller, Möbelgigant oder Journalist – auch Sie selbst könnten ein Zeitgenossenschaftler sein! Im Falle einzelner Dinge hat sich das Institut daher von renommierten Gästen beraten lassen und deren Beiträge im Buch namentlich gekennzeichnet. Diese Menschen, das wird schnell deutlich, kennen sich in ihrem Gebiet besser aus als andere.

Wo es Wissenschaftler gibt, egal welchen Alters und welcher Abstammung, bereit, ihre Forschung abseits der Institutionen in den Dienst der wichtigen Anliegen unserer Zeit zu stellen, da wird Zeitgenossenschaft aufkeimen. Die Zeitgenossenschaft setzt sich für wissenschaftliche Freiheit ein, im eigenen Namen, im Namen seiner engsten und verstreuten Mitglieder, von den dümmsten zu den talentiertesten, von den schwächsten zu den stärksten. Es ist eine Frage der Wichtigkeit, die sich in der Forschung widerspiegeln wird, in der Zeit, der Art und der Weise, wie die Dinge erforscht

Für eine weitergehende Lektüre siehe:

Steven Geil: *Die Raute. Studien zu einer Philosophie geometrischer Formen* (engl. Orig. *The Rhomb: Philosophy of Symmetric Forms*, 1971). Im Erscheinen, Düsseldorf 2017.

Bertram Likursi: *Geschichte als Anhäufung von Gewesenem.* Ariadne, Bielefeld 1968.

Max Schemmler: *Die Attrappe.* Eichbach, Köln 1978.

Max Schemmler: *Frankfurter Fehler – Reinstitutionalisierung bürokratischer Ordnungen nach 1968.* Eichbach, Köln 1969.

werden, in ihrer detaillierten Erfassung, in der durch sie erscheinenden Erkenntnis: Nicht ein Ding, sondern das hier versammelte Ensemble der 100 wichtigsten Dinge wird der Öffentlichkeit das Bewusstsein für die Existenz der Zeitgenossenschaft vermitteln. Die Zeitgenossenschaft ist ein Projekt, das sich in der Wichtigkeit der 100 wichtigsten Dinge realisiert und das aus den Potenzialen ihres Daseins erstrahlen wird.

In den drei unabhängig voneinander verfassten Essays der Gastautoren Katja Eichinger, Daniel Kehlmann und Magnus Resch, aber auch im Vorwort von Lisa Gotto wird bereits in dieser Publikation die durch sie ermöglichte Reichweite nachfolgender Forschungsfelder eröffnet. Zugleich wird auf wunderbare Weise eine wesentliche, in vielen Wissenschaften verlorengeglaubte Eigenschaft der Dinge akzentuiert: Sie sind auch weiterhin materiell, stofflich, sehr konkret und keineswegs nur noch ungreifbar, immateriell, flüssig, hybrid oder digital, wie manch anderer Lehrstuhl glauben mag. Die wichtigsten Dinge bestimmen dinglich unsere Leben, werden sinnlich erfahrbar, behausen mit uns unsere Wohnungen und statten die Architekturen unserer Erinnerungen und Emotionen aus. Der abschließende mnemotechnische Mythos von Christiane Stenger macht diesbezüglich deutlich, dass sich unsere Gedächtnisse bis an ihr Lebensende an *Die 100 wichtigsten Dinge* erinnern werden.

Die Frage nach den wichtigsten Dingen ist hiermit gelöst. Der Wert dieser Arbeit besteht nun darin, dass sie verdeutlichen kann, wie viel damit getan ist, wenn man eine so unumstößliche Arbeit einmal erledigt hat.

Für das *Institut für Zeitgenossenschaft IFZ* ist dieses Projekt hiermit abgeschlossen, nun beschäftigen wir uns mit anderen Dingen.

☛ **IFZ, Düsseldorf/Berlin 2015**

Zeiger

Alle Probleme der Welt beginnen mit der Zeit, und die einzige Aufgabe des Menschen besteht darin, ein Leben lang herauszufinden, wie viel Zeit ihm noch bleibt, um seine Probleme zu lösen. Die Zeit läuft zunächst fast rückwärts, dann fangen die Probleme an. Zu Beginn eines jeden Daseins ruht der Zeiger auf Null. Erst wenn in einem Moment des Schreckens plötzlich alles vorbei ist, weiß der Mensch mit Gewissheit, wie viel Zeit er gehabt hätte. Der Zeiger zeigt, dass es nie zu spät, aber immer zu früh ist, schnell noch alles in Ordnung zu bringen: das Zeitalter der Zeigung.

Im Gegensatz zu ☛ Tablette löst sich Zeiger in Flüssigkeit nicht auf und kann damit die Uhrzeit auch unter Wasser anzeigen *(water time)*.

Würfel

Trotz zahlloser Versuche der Stochastik, symmetrischen Gegenständen durch Beschriftung ihre Eigenschaften auszutreiben, beweist der Würfel mehr als alle anderen Objekte, dass es letztlich egal ist, auf welche Seite ein symmetrischer Gegenstand fällt.

Ware

Eine Ware scheint auf den ersten Blick ein kompliziertes Ding zu sein. Ihre Analyse ergibt, dass sie ein triviales und selbstverständliches Ding ist. Ein wichtiges Ding, das trotz komplexer sozialer und ökonomischer Umstände unverändert bleibt, nennt man Ware. Ein Beispiel anhand der Ware ☛ Getränk:

1. Langweilige, wohlhabende Leute, die gerne Gin trinken, verdrängen interessante, junge, arme Leute, die auch Gin trinken, aus ihren Wohnvierteln. Das Wohnen wird teurer. *(Gentrifizierung)*

2. Leute, die Gin trinken, dominieren ein gentrifiziertes Wohnviertel und sind den armen, langweiligen Leuten, die keinen Gin trinken, ein Dorn im Auge. Gin wird teurer. *(Gintrifizierung)*

3. Junge, arme, gelangweilte und nach Wohlhabensein und Gin strebende Leute ziehen weg und lassen langweilige, wohlhabende Leute, die keinen Gin trinken, zurück. Das Leben wird arm. *(Gerontofizierung)*

Fazit: Trotz komplizierter Eigenschaften von Leuten und Wohnverhältnissen ändert sich nichts am Gin. Die Ware ☛ Getränk bleibt immer gleich gut.

Waffe

Die Kritik an Waffe kann Waffe nicht ersetzen.
Waffe ist Kritik, die Kritik ersetzt.
Nur Waffe kann Waffe kritisieren.
Nur Kritik mit Waffe ist Waffe.
Waffe ist Waffe.

Vgl. Claude Maria Walther:
Du mode d'existence des choses.
Kerberos, Lyon 1935.

Vitrine

In den Aufzeichnungen zu seiner posthum auf Französisch veröffentlichten
Monografie *Du mode d'existence des choses* (1935) unternimmt der Abenteurer Claude Maria Walther den Versuch, alle Elemente, Menschen und
Dinge begrifflich in sogenannten »offenen Behältnissen« (frz. plural *rines*)
zu erfassen. Neben der Terrine (vom Lateinischen *terra* = Erde), die für
alle Behältnisse der Ernährung steht, oder der Latrine (lat. *latus* = Lende,
Geschlechtsteile, Kot) für alle Behältnisse des Gegenteils von Ernährung
ist die Vitrine (lat. *vita* = Leben) das Behältnis für die Aufbewahrung des
gesamten Lebens.

Vertrag

Grundlage und Negation jeglichen sozialen und ökonomischen Vertrauens.

Umhang

Stoff gewordene Diskretion. Ein Zelt, das man mit sich führen kann, eine ständige Decke für die transzendental Unbehausten. Hülle dich tief in ihn, oder lass ihn flattern im Wind, wirble herum in ihm, oder schreite majestätisch durchs Herbstlaub – ihm ist es gleich. Er will dir Schneckenhaus sein, nichts mehr, und wenn dir die Welt wieder einmal Salz auf die Tastfühler streut, bietet er dir eine Behaglichkeit, deren Quelle du selbst bist.

Einen Umhang kannst du mit jemandem teilen. Hol dir einen Freund mit hinein ins Umhangduster – schon seid ihr beide gut angezogen. Nichts, weder ☞ Feuer noch Materie noch die Postbank, kann euch nun etwas anhaben. Lass ihn aufblasen von einer freundlichen Böh', so wird er dir Segel sein, dich ziehen über ungezählte Ozeane, dich schützen vor mancherlei Gischt. Eine Person, die einen Umhang trägt, kann vieles sein: Zauberer, Ritter, Theaterregisseur, Weihbischof oder Homosexueller. In jedem Fall ist sie ein Held.

☞ **Leo Fischer**

Tür

Der französische Mathematiker und Philosoph Blaise Pascal behauptete, dass alles Unglück des Menschen daher stamme, dass er unfähig sei, in Ruhe allein in einem Zimmer bleiben zu können. Auch Theodor W. Adorno wies in der *Minima Moralia* darauf hin, dass der Mensch durch die Technisierung den richtigen Umgang mit Türen verlerne:

»Die Technisierung macht einstweilen die Gesten präzis und roh und damit die Menschen. Sie treibt aus den Gebärden alles Zögern aus, allen Bedacht, alle Gesittung. Sie unterstellt sie den unversöhnlichen, gleichsam geschichtslosen Anforderungen der Dinge. So wird etwa verlernt, leise, behutsam und doch fest eine Tür zu schließen.«

Der Mensch, der Haus-, Auto- oder Kühlschranktüren kopflos zuschlägt und zugleich vornehmlich durch Glas-, Dreh- oder automatische Schiebetüren wandelt, verlernt zivilisierte Umgangsformen mit abgeschlossenen Räumen sowie das Wahrnehmen des Unterschieds zwischen Innen und Außen. Mit groben Gesten imaginiert er grenzenlose Freiheit und eine andere Wirklichkeit jenseits der eigenen Grenzen.

Dank des → Internets ist der Mensch heute mehr als jemals zuvor in der Lage, in seinem Zimmer zu bleiben. Aufgrund der virtuellen Welt ist der richtige Umgang mit Türen jedoch dringlicher den je.

Vgl. Blaise Pascal: *Gedanken über Philosophie, Moral und schöne Wissenschaften.* E. A. Hoffmann, Zürich 1944.

Theodor W. Adorno: *Minima Moralia. Reflexionen aus einem beschädigten Leben.* Suhrkamp, Frankfurt a. M. 1951, S. 42.

1 2 3 4 5 6 7 8 9 10 11 12 13 14 15 16 17 18 19 20 21 22 23 24 25 26 27 28 29 30 31 32 33 34 35 36 37 38 39 40 41 42 43 44 45 46 47 48 49 50 51 52 53 54 55 56 57 58 59 60 61 62 63 64 65 66 67 68 69 70 71 72 73 74 75 76 77 78 79 80 81 82 83 84 85 86 87 88 89 90 91 92 93 94 95 96 97 98 99 100

Tresor

In der Nacht
Erklingt die ☛ Sirene einer Fabrik
In der Nähe meiner eigenen
Während ich mein Haar bürste
Frage ich mich, ob es ein Irrtum ist
Ein Einbruch
Oder ein nur an mich und meinen Tresor gerichtetes Zeichen

Eins ist sicher:
Mein Tresor

(Freies Gedicht)

Zum Tier siehe auch:

Alfred Edmund Brehm: *Brehms*
Tierleben. Poetische Gesamtausgabe
in zwei sehr großen Bänden.
Im Erscheinen, Düsseldorf 2027.

Tier

Der Waschbär | oder Schupp | schwarz gemischt | Schwanz sechsmal schwarzbraun | schwarzbraune Spitze | schmucker Bursche | und weiter geht die Jagd | mit schäumendem Rachen | sein Fell gesträubt | sein Fell tropft | Einer ihn am Rumpfe | ein zweiter an der Seite | ergreift | zerrt | packt ihn | die Augen Smaragde | Der Hausfrau guckt er in die | Töpfe

Der Leopard | Seine sammtne Pfote | tritt so leise auf | fürchterliches Blutbad | vierzig Schafe | acht Kinder | beim hellen Tage einen Esel | eine Ziege zusammengewürgt | Vernichtungskrieg | nach und nach löste man | einen Riemen nach dem anderen | und ließ das Thier endlich | frei an der Kette | sich bewegen

Der Delfin | Mit hurtigen Sprüngen in zierlichen Bogen | zur Unterhaltung der Seefahrer | Mannschaft pfeift Katzenmusik zu dem Tanze | der musikliebende Delfin soll bleiben | bis Harpune | Entreißen den Getroffenen | seiner kristallenen Heimat | schnöder Undank

Die Stubenfliege | unter Umständen unausstehlicher Begleiter | Myriaden | summen und | necken | unter beständigem Räsonieren gegen Fensterscheiben

Der Fuchs | Auf offener Wüstung | Zwei die Verliebten | vergessen in Liebesaufregung sich | ein fortwährendes Hin- und Herjagen | im Baue | das Hochzeitsgemach | halten so lange zusammen | als ihre Liebe währt | oder | auf offener Wüstung | der Kugel | berechnender Ortssinn

Der Flughund | Aus Ritzen Höhlen Löchern hervor | kriecht eine düstere nächtige Schar

Der Mistkäfer | Der heilige Pillendreher | das Bild der Welt | der Sonne | des muthigen Kriegers | Scarabäus | auf unebenem Untergrunde | gerieth seine Kugel | in eine Grube – | des Käfers Ohmacht | derselbe sich nach einem | benachbarten Dunghaufen begab | in Begleitung von drei anderen | kam wieder hervor | mit gemeinsamen Kräften | die Kugel aus der Versenkung | herauszufördern | das Bild der Welt | der Sonne | des muthigen Kriegers | kleinere Arten | drehen | kleinere Pillen

Das Nashorn | Ich habe Nashörner geschossen | wenn sie um Mitternacht | an den Quellen tranken | die Vögel aber | welche glauben mochten | dass das Nashorn schliefe | blieben bis zum Morgen bei ihm | ehe sie fortflogen | boten sie alles mögliche auf | um das | Nährthier aufzuwecken

☛ Saša Stanišić

Teer

Teer kommt in unserer Gesellschaft eigentlich nicht mehr vor. Im Straßenbau werden beispielsweise längst verschiedene Mischungen wie Bitumen oder Asphalt verwendet. Bereits seit Mitte der 1980er-Jahre ist Teer aufgrund seiner gesundheitsschädlichen Eigenschaften in Deutschland verboten. Anders als bei anderen Dingen hat es nur niemand bemerkt. Teer ist das abwesend anwesende Ding, eher Metapher als Materie. Teer ist das einzige Ding, das es geschafft hat, die Geschichte seines eigenen Verschwindens zu verheimlichen. Teer ist wie das Licht, das von einem längst verglühten Stern erzählt, wobei dieses Licht selbst keine Spuren mehr hinterlässt. Vermutlich ist Teer sogar weniger als ☛ Loch. Teer eröffnet den Weg zur Metaphysik, ist eine unsichtbare Spur zur Vergangenheit, gleichsam der versteckte Tod unserer Möglichkeiten.

Vermutlich ist aus diesem Grund noch niemand darauf gekommen, ein Gebäude ganz aus Teer zu bauen. Statiker müssten berechnen, was dafür notwendig wäre.

Taste

Per Tastendruck können im 21. Jahrhundert aufwendige Arbeiten erledigt werden, für die in früheren Zeiten Hunderte bis Tausende starker Männer benötigt wurden. Das Zeitalter der Taste!

Wie oft eine Taste gedrückt werden muss, sagt heute allerdings nichts mehr über die tatsächliche Anzahl einstiger Arbeitskraft aus. Noch sind Menschen ohne Arbeit froh, wenn sie zumindest eine Taste drücken dürfen. In naher Zukunft werden Tasten jegliche Arbeit übernehmen, auch die von anderen Tasten. Erst im Nachhinein wird man wissen, wie viele Anschläge dazu notwendig waren. Tasten, die längere Zeit nicht gedrückt werden, bereiten Probleme. Um dies zu verhindern, sorgt eine unsichtbare Hand auf der Klaviatur des Kapitals für die permanente Unterdrückung aller Tasten. Sie unterscheidet dabei nicht zwischen schwarzen und weißen.

Die alltäglichen durch Tasten bewirkten Konsequenzen bleiben vor allem in westlichen Kulturen für die Konsistenz der Taste selbst meist folgenlos.

Tablette

Neben dem ← Zeiger ein weiteres Medium, um das Vergehen von Zeit zu messen. Ursprünglich nicht für den Verzehr bestimmt, wurden ab 1925 Tabletten unterschiedlicher Auflösedauer vom amerikanischen Militär für den drohenden Zweiten Weltkrieg entwickelt und bis weit in den Vietnamkrieg zur Zeitmessung eingesetzt. In seinem Film *Taxi Driver* (1976) erinnert Martin Scorsese an diese (oftmals sehr ungenaue) »Tabletten-Zeit« *(tablet time)* des Krieges, die als Nebenwirkung viele Soldaten in eine zermürbende Zeitlosigkeit trieb und traumatisierte.

Da heute sehr viele Menschen Probleme haben, aber niemand mehr eine Uhr trägt, hat die Tablette ihre beste Zeit erst noch vor sich.

Styropor

Styropor® ist etwas, in das Kinder gern ihre Fingernägel bohren. Das Material war einmal ein schaumgeborenes Wunderzeug, eine chemische Aphrodite. Heute wird es in Deutschland gern als Dämmmaterial für Häuser verwendet. Das freut die Vögel, die mit ihren Schnäbeln kleine ☞ Löcher hineinhacken und manchmal Nester darin anlegen. Es brennt zuverlässig und schnell, wenn man einen Fußball dagegen schießt, fällt es in großen Placken herunter, und Ästheten stören sich an seinem unseriösen Anblick. Das alles macht dem Styropor wenig Freunde, abgesehen natürlich von denen, die daran verdienen. Man kann es noch nicht einmal ein gesunkenes Kulturgut nennen, auch wenn – beziehungsweise gerade weil – auf allen Flüssen und Ozeanen jede Menge davon herumschwimmt. Am Anfang galt es als schön billig in der Herstellung, heute als unschön billig im Prestige. Armes, ärmliches Styropor. Auf Englisch könnte man es deswegen eigentlich Styropoor nennen. Aber auf Englisch heißt es *Styrofoam®*. In den USA werden übrigens zwar keine Häuser damit eingepackt, aber dafür Bier: In *Farrell's Bar & Grill, est. 1933* in Brooklyn, New York, stehen ab spätem Vormittag alte, brüllende Feuerwehrmänner am Tresen und lassen sich ihr *Budweiser* in Styroporbecher zapfen, denn wenn schon kein Schaum auf dem Bier, dann wenigstens Schaum um das Bier herum. Damit stehen sie dann da und protestieren trinkend gegen eine Welt, in der junge, besorgte Menschen ihre ☞ Getränke wieder nur noch in Glasflaschen kaufen mögen aus Angst vor den Ausdünstungen der Kunststoffe. Diese letzten mannhaften Freunde des Styropors stehen da und trinken brüllend und bohren Löcher in die Becher durch den wütenden Druck ihrer Fingernägel.

☞ Peter Richter

Stück

Folgende Rechenaufgabe aus einem Mathematikleistungskurs gilt als die schwierigste aller Zeiten. Sie war 1995 Teil einer Abiturprüfung am Max Schemmler-Gymnasium Konstanz und zeigt, wie wichtig heutzutage das Rechnen ist:

Klaus und Annegret besitzen jeweils 3 Stücke Gold. Jeden Freitag spielen sie in ihrer Gemeinde Feldhockey. Peter ist Annegrets bester Freund, obwohl er arm ist. Er besitzt 0 Stücke Gold, ist aber ein guter Hockeyspieler, was seine Armut für die anderen vorerst erträglich macht. Jeden zweiten Sonntag im Monat kommt Tante Lisbeth zu Besuch und bringt 0,2 Stücke Gold mit – jeder tut, was er kann. Mit Prozentrechnung haben sie es alle nicht so.

Peters Eltern kamen bei einem Autounfall ums Leben.

Stock

Urding erster Ordnung, aus dem in Verbindung mit ☜ Draht letztlich alle anderen Dinge der Welt hergestellt werden können.

Stift

Als *genus proximum* des Pinsels oder auch umgekehrt ist es das leichteste Ding, das Gedanken in Materie umwandeln und archivieren kann. Jeder Akt des Schreibens hat etwas Futuristisches und ist genauso spannend wie Beamen. Während die natürlichen Feinde der Urform des Stiftes Spitzer und Radiergummi waren, ist es heute die Tastatur (☛ Taste).

☛ **Christiane Stenger**

Vgl. Pierre Bourdieu:
Die feinen Unterschiede. Kritik der
gesellschaftlichen Urteilskraft.
Suhrkamp, Frankfurt a. M. 1982.

Steuer

Als zeitgenossenschaftlicher Mensch ist es wichtig, seinen eigenen Weg zu gehen, an seine Träume zu glauben und sich niemals vom Gegenteil überzeugen zu lassen – das Phänomen nennen wir Individualismus, und es verspricht im gleichen Maße Glück, wie es Verantwortung einfordert. Kinder lernen schon in der Schule, dass sie heute mit nur einer falschen Entscheidung in der Gosse landen und niemals Rente beziehen werden.

Der Pariser Soziologe Pierre Bourdieu behauptete, im Leben eines Menschen lasse sich das Steuer nicht zum Positiven herumreißen, er selbst aber brachte es vom Bauern zu einem in diesem Buch zitierten Philosophen. Da er offensichtlich nur an seinen eigenen Vorteil dachte, gilt er heute weltweit als bedeutendster Vertreter des Neoliberalismus.

Das Steuer ist die einzige Allegorie unter den *100 wichtigsten Dingen*.

Vgl. Emmanuel Lévinas: *Die Spur des Anderen. Untersuchungen zur Phänomenologie und Sozialphilosophie.* Verlag Karl Alber, Freiburg/München 1999, S. 235.

Stempel

Insignium eines institutionalisierten Kontrollkampfes der Bürokratie gegen Wahrheit und Erkenntnis. Anders als das ☞ Fernglas ist der Stempel bis heute der Parasit innerhalb der Repräsentationslogik.

Wie dem ☞ Fax haftet ihm in hierarchisch strukturierten Organisationsformen eine Aura der Originalität und Glaubhaftigkeit an. Stempel verleihen Nachdruck, ohne selbst etwas zu bedeuten. Über einen Stempel nachzudenken heißt nicht, wie Emmanuel Lévinas sagt, diesem Stempel, der kein Zeichen ist, folgen, sondern auf die anderen zugehen, die sich an diesen Stempel halten.

Innerhalb seiner Forschung versucht das *Institut für Zeitgenossenschaft IFZ*, den Stempel aus dieser parasitären Logik zu befreien.

Verzeihen, ohne zu vergessen. Bedauern, ohne zu bereuen. Stempeln, ohne zu verwalten.

Den Stempel aus der Bürokratie zurück in die Forschung zu holen, darum geht es.

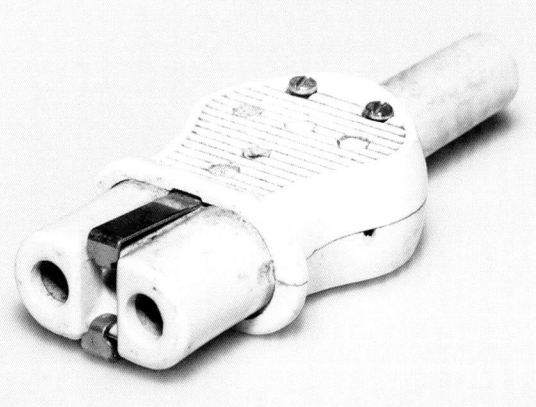

Stecker

Dass es sich hier um die entscheidende existenzielle Verbindung des Menschen zur Welt handelt, wird jedem klar, der die allfälligen Euthanasie- und Medizindebatten verfolgt: Steckerziehen ist längst Synonym eines sofortigen Todes, auch anwendbar auf verschuldete und übersubventionierte Unternehmen aller Art. Ohne Stecker erreichen wir die Grenze der bekannten Welt und jenen Zustand, den sich die Alten beim Erreichen des Randes der Erdscheibe vorstellten, beziehungsweise eben nicht mehr vorstellen konnten.

Zwar haben die Menschen immer schon gesteckt, etwa ihr Messer in den Rücken des nervigen Nachbarn, aber erst mit der Elektrifizierung der Städte, Häuser und letztlich auch unseres Nervenkostüms wurde der Stecker zum Sinnbild moderner Existenz. Auch der Dummheit: Fast jede Fehlleistung kann unsere postmoderne und durchtherapierte Gesellschaft verzeihen, vom versehentlichen Schrumpfen der Kinder zum Ruin einer Großbank, aber wehe jemand bemüht einen Kundendienst oder die Nachbarschaftshilfe wegen der Fehlfunktion eines Elektrogerätes – und hat lediglich vergessen, den Stecker zu stecken, oder übersehen, dass dieser nicht mehr steckte. Der hat seinen Ruf weg für ein Leben lang, ungefähr auf der Stufe von Rudolf Scharping oder der Leibwächter John F. Kennedys. Die Gefahr droht der Dominanz des Steckers nur von einer einzigen Seite, nämlich von der des Kabels. Jeder respektiert den Stecker, kauft brav Adapter, ersetzt, wenn nur der Stecker defekt ist, sofort das ganze Gerät, weil alles nichts ist ohne einen guten und gesunden Stecker – aber alle hassen Kabel. Kabel, die stets zu kurz sind oder zu lang, aber nie genau passen, die sich, wenn man kurz nicht hinsieht, mit dem nächsten Kabel tödlich verwirren und verknoten, obwohl niemand was gemacht hat. Kabel die reißen, aufbrechen, schnell irgendwo vergessen werden – ja, »kabellos« ist schon ein Verkaufsargument! Mit welchem anderen Ding ist es so, dass man mit dessen Abwesenheit wirbt, tödliche Erreger ausgenommen?

Der Stecker wird verehrt, geliebt – das Kabel aber gehasst. Da haben wir sie, direkt zu unseren Füßen, die diabolische Dialektik der Welt, in der wir leben.

☛ Nils Minkmar

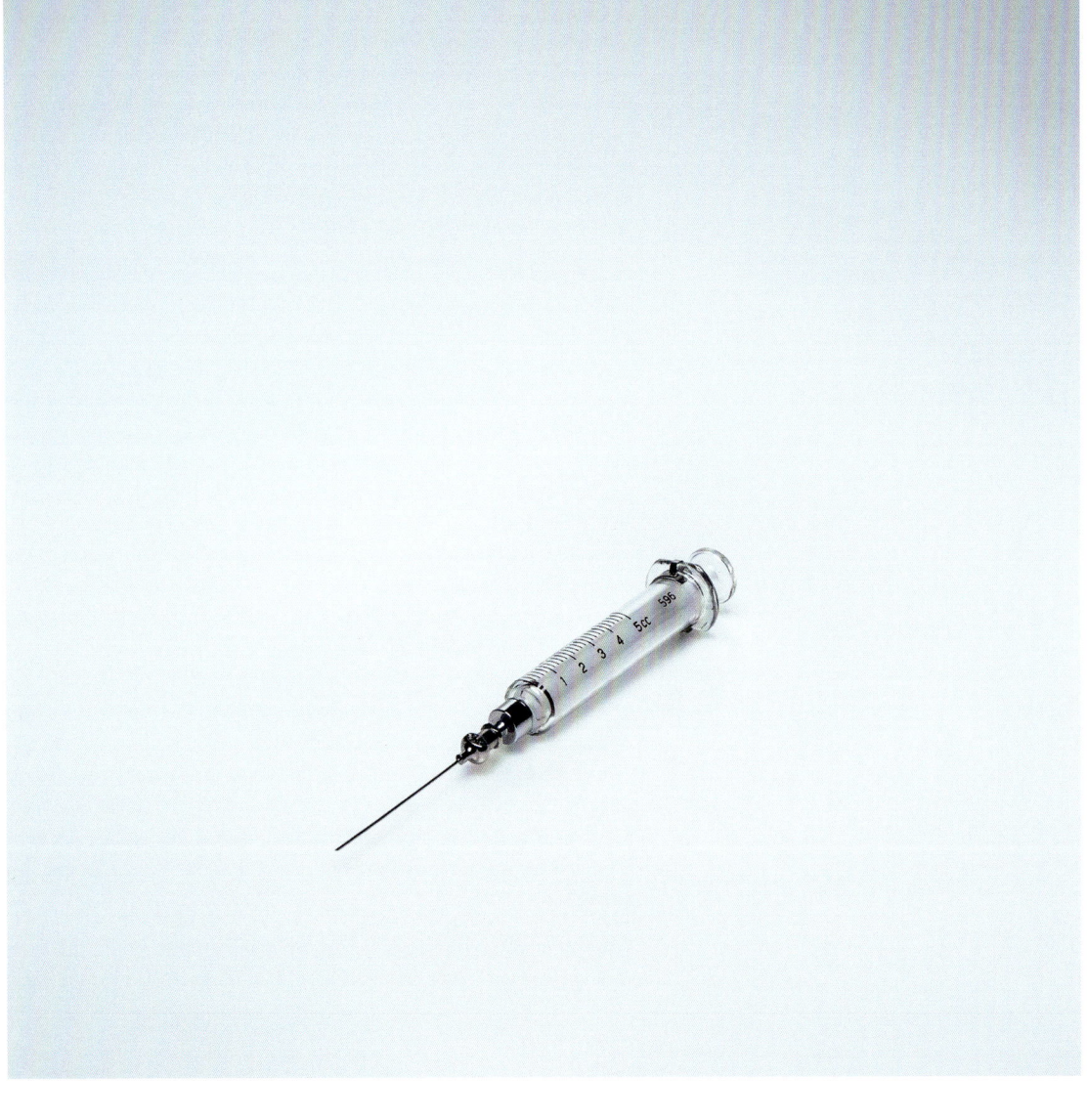

Steven Geil: *Die Raute. Studien zu einer Philosophie geometrischer Formen* (engl. Orig. *The Rhomb: Philosophy of Symmetric Forms*, 1971). Im Erscheinen, Düsseldorf 2017, S. 172.

Spritze

Der erkenntnistheoretische Begriff der *Injektion* (lat. *iniacere*; engl. *inject*) wurde vom amerikanischen Phänomenologen Steven Geil in die wissenschaftliche Debatte eingeführt:

»Die Behauptung D wird aufgestellt, auch wenn sie in keinem Verhältnis zu A, B oder C steht. Aber wenn A wahr wäre, würde C eine Selbstverständlichkeit sein; folglich besteht Grund zu vermuten, dass A, B und C unwahr sind.«

Nach Geil gilt: »Injektion ist der Vorgang, in dem eine Behauptung formuliert wird, auch wenn sie nichts mit nachvollziehbaren Gesetzen zu tun hat und gar völlig unlogisch erscheinen mag.«

Darunter verstand Geil ein Schlussverfahren, das sich von der Erkenntnislogik der Induktion, Deduktion und der Abduktion dadurch unterscheidet, dass es die Erkenntnis jenseits der Logik erweitert. Neben Induktion, Deduktion und Abduktion ist die *Injektion* die vierte Form einer unklaren Theoriebildung. Was dem Logiker die Bohne (☞ Sack), ist dem Zeitgenossenschaftler die Spritze.

Vgl. Ludwig Wittgenstein: *Über Gewissheit.* Suhrkamp, Frankfurt a. M. 1970, S. 15 ff.

Spiegel

Der Spiegel stellt in der Geschichte des Denkens häufig ein Problem dar. Er ermöglicht es, Dinge gespiegelt zu sehen.

Der österreichische Philosoph Ludwig Wittgenstein schaute sich beispielsweise immer wieder seine Hände an, um sicherzugehen, dass es sich bei diesen um keine Spiegelungen handelt. Abends ist er dann in Cambridge meistens ganz verzweifelt und alleine ins Kino gegangen.

Wenn jemand noch nie in einen Spiegel geschaut hat, dann kann er nicht wissen, dass er es noch nie getan hat. Nur Personen, die wissen, was es heißt, in einen Spiegel zu schauen, wissen von Spiegeln. Die Fähigkeit, die man braucht, um in einen Spiegel zu schauen, ist genau die Fähigkeit, die man benötigt, um einen Spiegel zu erkennen. In der Zeitgenossenschaft wird dieses Phänomen ›Spiegeleffekt‹ genannt.

Personen, die in Spiegel schauen können, können zu Recht auf ihre Fähigkeiten stolz sein.

Eine Person, die trotz der Unfähigkeit, in Spiegel zu schauen, sich so verhält, als könne sie es, endet meist ganz verzweifelt und alleine im Kino.

Der Spiegel ist nicht das Problem, sondern das Problem ist der Versuch, das Problem des Spiegels zu lösen.

Sitz

Sitz wird stets mit sich selbst in Beziehung gebracht. Eine der wichtigsten Fragen allgemeiner Ordnung lautet: Welcher Sitz steht wo? Zugleich gilt: je mehr Sitz desto mehr Verwaltung. Ab einer bestimmten Anzahl von Sitzen gelten Institute als unverwaltbar. Auf der Suche nach dem Gegenteil der Verwaltung forscht das *Institut für Zeitgenossenschaft IFZ* nach der genauen Menge an Sitzen, mit welcher Wissenschaft ohne Verwaltung und Drittmittelverschwendung möglich wird.

Vgl: James Joyce: *Ulysses.*
Penguin Books, London u. a.
2000, S. 528–376.

Sirene

Homer, Joyce, Kafka oder Brecht – viele Autoren waren vom einnehmenden, verwirrenden Klang oder vom Schweigen der Sirenen fasziniert. Seit Odysseus wird mit ihnen eine bestimmte Fähigkeit aufgeklärter und listiger Männer beschworen, die sich auf ihrer langen Reise in die häusliche Monogamie allen Verlockungen widersetzten, ohne ihrem Genuss gänzlich zu entsagen.

Ob in der Diskothek, als Martinshorn oder Alarmanlage: Wenn heute Sirenen ertönen, ist es stets ein klarer Hinweis, schnell das Weite zu suchen. Sirenen erinnern uns daran, dass das Leben kurz, der Weg noch weit, die Verführungen groß und ein familiäres Zuhause ein gutes Ziel sind. Wer niemanden hat, der zu Hause wartet, sollte schnell in die Bibliothek gehen, um mal wieder den *Ulysses* zu lesen (das 11. Kapitel).

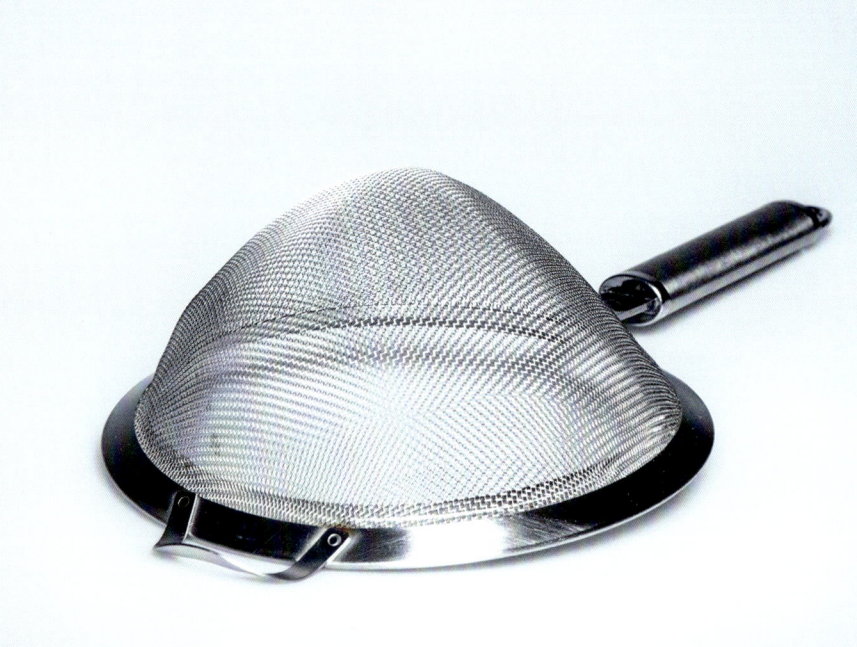

Sieb

Verhindert, dass alle Dinge dieser Welt eins werden.

Katja Eichinger

Die Welt, die das Fell ist. In der Höhle des Sublimen

Gegenstände sind per se nicht erstrebenswert. Ob Auto, Sofa, jedwede Wandverkleidung, Körperdekoration oder sonstige Dinge. Sie alle sind nichts anderes als die Fesseln, die einen an die Höhlenwand ketten und davon abhalten, ans Licht zu gehen und die herrliche Wahrhaftigkeit zu erblicken. Dinge verdammen uns dazu, bis an unser Lebensende in den Schatten an der Wand nach Andeutungen von Sinn zu suchen. So dachte ich mir das jedenfalls, als ich jung und platonverwirrt war. Also zog ich nach London, wo alles so teuer ist, dass Besitz für die meisten Leute ein abstraktes Konzept darstellt. Die Lektüre von Karl Marx tat das Übrige, und konsequenterweise lebte ich denn jahrelang so, dass mein gesamtes Hab und Gut stets in ein Londoner Taxi passte. Bis ich irgendwann feststellte, dass obwohl jeder Londoner Taxifahrer eine Prüfung namens *The Knowledge* ablegen muss, mich auch Londoner Taxis nicht zum Höhlenausgang befördern würden.

Mittlerweile bin ich klüger oder vielleicht auch nur bequemer. Ich bin zwar immer noch der Ansicht, dass es im Leben darum geht, die phänomenale Welt hinter sich zu lassen und nach dem Sublimen zu streben. Aber sehr oft versteckt sich das Sublime eben im Phänomenalen. Und natürlich ist es vom Sublimen zum Lächerlichen ein winziger Schritt, aber das ist eine andere Geschichte, und Napoleon Bonaparte gehört nicht wirklich in diesen Text. Es bedarf keines imperialen Gedankenguts, um zu behaupten: Die Dinge, die uns umgeben bzw. unsere Realität, sind nichts anderes als ein Spielzeugkasten, aus denen man sich seine Träume, Ängste, Aspirationen und Erinnerungen baut. In diesem Sinne verkauft eben auch IKEA nichts anderes als Rohmaterial für unsere individuelle Traumafabrik.

Wie die unterschiedlichsten Emotionen und Erinnerungen in einem Gegenstand kollidieren können, wurde mir vor Kurzem bewusst, als ich mir eine mit Kuhfell bezogene Corbusier-Liege kaufte. Für jemanden wie mich, die jahrelang die Existenz einer Möbelbesitz-Verweigerin führte, ein Schritt von armstronghaften Dimensionen. Dieses Liegenmodell liebe ich, seit ich vierzehn Jahre alt war und die Moderne für mich entdeckt hatte, aber wie schon erwähnt, das Graecum war mir in die Quere gekommen, und es hatte dann dreißig Jahre bis zum Erwerb gedauert. Wichtig war mir bei dieser Liege vor allem das Kuhfell.

Die Sache ist nämlich die: Meine Mutter stammt von einem Bauernhof in Hessen. Als ich klein war, fuhren wir oft dorthin. In diesem Bauernhof gab es zwei Wohnzimmer. Das eine war das feine Wohnzimmer, in dem es stets nach Putzmittel roch und sich außer an Familienfeiern wie Geburtstagen oder Beerdigungen nie jemand aufhielt. Dort hing an der Wand ein eingerahmtes Kuhfell, an das mein Onkel alle Preise geheftet hatte, die seine Milchkühe gewonnen hatten. Da er eine Ausnahmekuh namens Gloria besaß, waren es sehr viele Preise. Das wahre Leben fand allerdings im Kuhstallwohnzimmer statt. Kuhstall deswegen, weil man sich darin in Stallkleidung aufhalten durfte. Hier standen der Fernseher und der Tisch, an dem Schach gespielt wurde, sowie die Liege, auf der mein Onkel Mittagsschlaf hielt. Und alles war durchdrungen vom Geruch von Stroh und Kuhscheiße. Ein hochgemütlicher Raum. Als Kind tat es mir immer leid um das arme Kuhfell, so alleine im Putzmittelwohnzimmer. Das war natürlich noch zu einer Zeit, als ich dachte, dass mein Teddybär Hermann mir wichtige Dinge mitzuteilen hätte.

Eines Tages dann, ich war schon aus dem Teddyalter herausgewachsen und muss etwa elf Jahre alt gewesen sein, saß ich im Kuhstallwohnzimmer und machte meine Hausaufgaben. Mein Onkel lag auf der Liege und hielt Mittagsschlaf. Er schnarchte sehr laut. Gleichzeitig lief der Fernseher. Volker Schlöndorffs *Die Blechtrommel* wurde gezeigt. Ich war absolut fasziniert, vor allem weil der Erzähler ein Kind war wie ich. Spätestens bei der ersten Sexszene wurde mir allerdings klar, dass, wenn mein Onkel aufwachen und bemerken würde, was ich mir da ansah, er den Fernseher sofort ausschalten würde. *Die Blechtrommel* entsprach garantiert nicht seiner Vorstellung von Kinderfernsehen, soviel konnte ich mir denken. Und so betete ich denn, dass sein Schnarchen nicht aufhören würde und bangte bei jedem seiner lärmenden Atemzüge, dass auch sofort der nächste kommen würde. Es war mein erstes großes Kinoerlebnis. Noch heute verbinde ich diese verbotene visuelle Lust mit dem Geruch von Kuhscheiße.

Deswegen steht nun meine mit Kuhfell bezogene Corbusier-Liege vor meinem überdimensional großen Fernseher, der noch von meinem verstorbenen Mann Bernd stammt und der einer Kinoleinwand relativ nahekommt. Sie erinnert mich daran, dass das Spiel von Licht und Schatten genau das ist, was die phänomenale Welt für mich sublim macht. Und wenn ich auf ihr liege, dann flackert mein persönlicher Höhlenausgang direkt vor meinen Augen.

☛ **Katja Eichinger**

Serviette

Eigentlich ein Stück Leinen, in dem man den Knödelteig so lange kocht, bis ein Serviettenknödel daraus geworden ist. In norddeutschen Städten der Gegenstand, mit welchem der Unterschied zwischen guten und schlechten Restaurants ~~bezeichnet~~ markiert wird. Ist die Serviette aus Stoff, kostet das Essen doppelt so viel, und der Koch wartet auf seinen ersten Stern im *Guide Michelin*.

☛ **Claudius Seidl**

Schläger

Menschen sind bildrezeptive Wesen, es gilt das Primat der Optik. Als Jimmy Connors 1974 mit dem *Wilson T2000* sein erstes Grand Slam Turnier gewinnt, hat der Look eines Tennisschlägers zum ersten Mal Ikonizität entfaltet. Der *T2000* war eine dreiste Kopie des *Lacoste*-Metallschlägers aus den 1950er-Jahren. Doch es fehlte ein Siegesspieler, der das Gerät transzendiert. Connors war der ungeliebte Bastard, der den »viel zu schweren Totschläger« zum Siegeszug dreschte. Dann kam die Langeweile: der erste übergroße Schläger von *Prince*, den später Andre Agassi populär macht, der *Dunlop Maxplay Graphite*, mit dem John McEnroe und Steffi Graf dominieren. Lendls *Völkl*, Seles' *Yonex*, *Wilson* mit Sampras und Federer, *Babolat* und Nadal, *Head* und Đoković. Alle diese Schläger repräsentieren für kurze Zeit Überlegenheit – aber sie lassen einen als Popikonen kalt. Nur die Prophezeiung in der Hand eines Helden hat bleibende Wirkung: Björn Borg war jener Tennisgott, der Mitte der 1970er-Jahre einen schwarzen *Donnay* schwang – und die Brutalität des *T2000* mit fast erotischer Magie ersetzte. Borgs *Donnay* war der letzte Tennisschläger, der die Massen erregte – und den Tennisschläger als ästhetisierte Denkweise feierte.

☞ **Tom Kummer**

Vgl. Frank Schirrmacher: *Ego. Das Spiel des Lebens*. Blessing, München 2013.

Schirm

Der abendfüllende Spielfilm hat die Menschen in die Irre geführt, da er durch die Fiktionalisierung von Sachverhalten die realistische Möglichkeit von Tod und schwerer Krankheit infrage stellt. Der Mensch ist jedoch nur ganz bei sich und glücklich, wenn er leidet und den Tod fürchtet.

In seiner Publikation *Ego. Das Spiel des Lebens* beschreibt der trotz Veröffentlichung des vorliegenden Buches bereits verstorbene Frank Schirrmacher, dass der Mensch dank des modernen Schirms lernte, aus Eigeninteresse zu handeln und richtige Entscheidungen zu treffen.

Am modernen Schirm kann er sich heute schnell und einfach über den aktuellen Stand seiner Erkrankung und über die noch anfallenden Symptome informieren.

Der Schirm befreit den Menschen von der Fiktion, er sagt: »Vielleicht ist das größte Glück, nie gesund gewesen zu sein.«

Amerikaner nennen die höchste Form des Glücks, den Selbstmord nach langer Krankheit, *pursuit of happiness*.

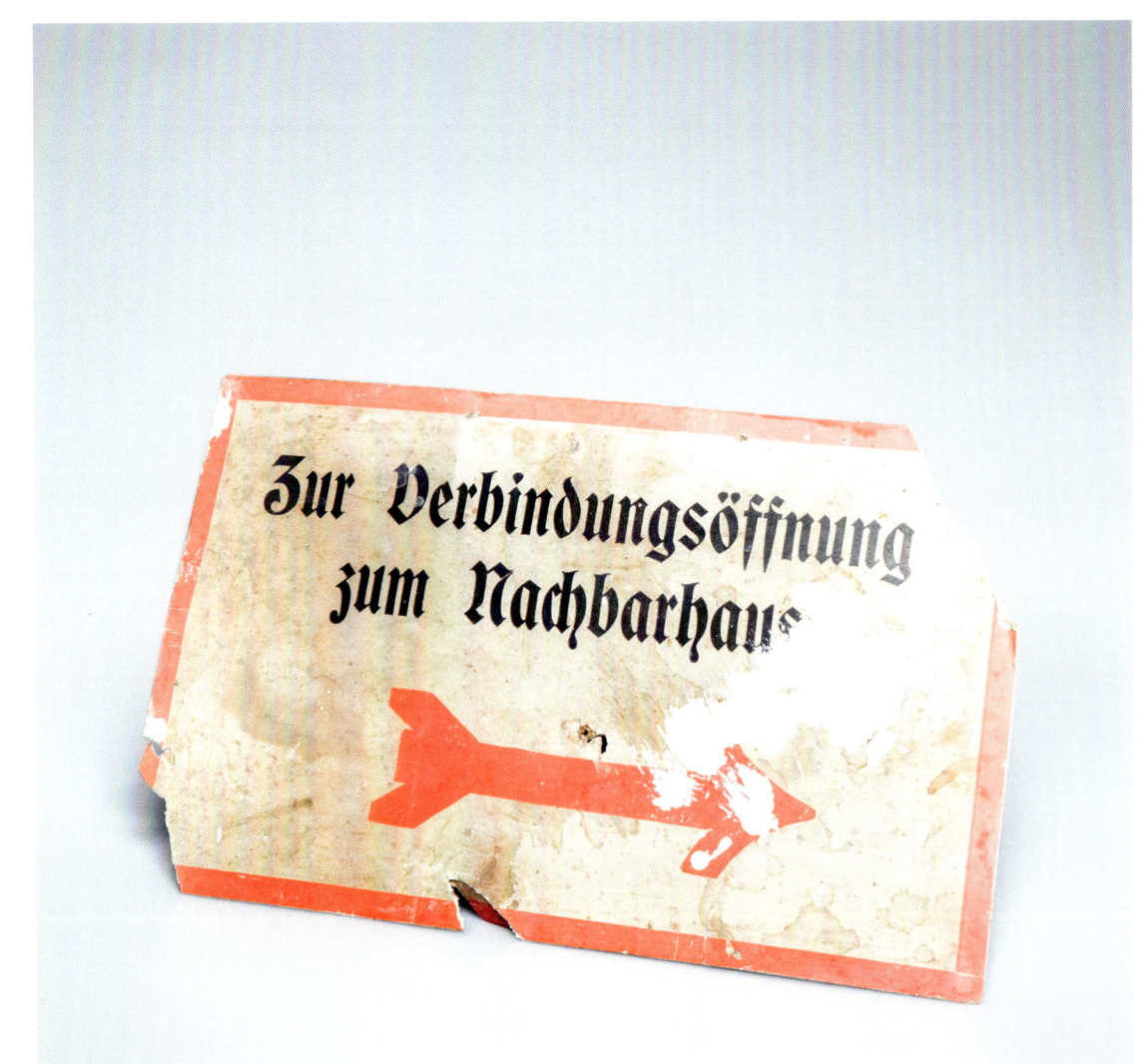

Vgl. Rainer Willgis: *Die Heraldik des Handelns. Einführung in eine Ökonomie der Zeichen.* Minotaurus, Berlin 2007.

Schild

Bereits früh lernen BWL-Studenten, dass Dienstleistungen nie zur gleichen Zeit gut, günstig und schnell angeboten werden können: das Magische Dreieck des Projektmanagements.

Gleichzeitig schreibt die Heraldik des Handels nach Rainer Willgis vor, dass die Worte gut, günstig und schnell niemals auf ein und demselben Schild stehen dürfen, wenn ☞ Waren erfolgreich angeboten und verkauft werden sollen. Allein Zweierkombinationen zeugen von merkantilem Geschick, hier winkt das große Geschäft!

Folgende Beschriftungsmöglichkeiten sind bekannt:

Gut + **Günstig:** Das Schild kann schnell verschickt werden.
Günstig + **Schnell:** Das Schild ist besonders gut und besser als die Ware.
Schnell + **Gut:** Das Schild ist günstiger als die Ware.

Wir lernen: Wer Schilder richtig beschriftet, erhöht Angebot und Nachfrage.

Schiff

Schiff ist schön, die Liebe ist ein Schiff. Während der Bär ein ☛ Tier ist, zum Beispiel, und der Künstler ein Mensch. Mit dem Schiff kann man fahren. Will man auch. Wenn das Schiff an Land liegt, ruht es nur aus mit dem Geist in der Weite. Ein Schiff auf Land geht gar nicht, ein Schiff muss schwanken. Ein Schiff ist ein Schiff, wenn es die Zeit kreuzt, jaha. Häuser, Tische und Tage sind keine Schiffe, aber Betten, Himmel und Nächte: Schiffe. Entrinnen, das ist ein Schiff. Ein Schiff ist groß! Es schwankt und du wankst mit. Sieh zu, dass du dich festhältst. Man muss das so todernst sagen.

☛ **Ralf Bönt**

Schiene

Traurige Tropen, glückliche Gleise: Im brasilianischen Amazonasgebiet leben bis heute bis zu siebenundsiebzig indigene Völker, die noch nie Kontakt zur Außenwelt hatten. Als man jedoch in den 1970er-Jahren an der transamazonischen Eisenbahn baute und zu diesem Zweck Schienen über den Regenwald flog, fiel eine halbe Ladung aus einem Frachter und verteilte sich über das Hoheitsgebiet der bis dahin unkontaktierten Awá. Um größeren Schaden zu vermeiden, wurde bis heute jegliche weitere Kontaktaufnahme mit diesem Stamm per Gesetz untersagt.

Soweit man weiß, ist die Schiene zum festen Bestandteil der Awá-Kultur und ihrer Religion geworden.

In Zukunft könnte sie sehr nützlich sein, sollte man sich doch dazu entschließen, mit den Indios Geschäfte zu machen.

Vgl. Peter Sloterdijk: *Sphären III –*
Schäume, Plurale Sphärologie.
Suhrkamp, Frankfurt a. M. 2004.

Schaum

Einziger Aggregatzustand, den die Moderne erfand.

Die 100 wichtigsten Dinge   N° 33   S

1
2
3
4
5
6
7
8
9
10
11
12
13
14
15
16
17
18
19
20
21
22
23
24
25
26
27
28
29
30
31
32
33
34
35
36
37
38
39
40
41
42
43
44
45
46
47
48
49
50
51
52
53
54
55
56
57
58
59
60
61
62
63
64
65
66
67
68
69
70
71
72
73
74
75
76
77
78
79
80
81
82
83
84
85
86
87
88
89
90
91
92
93
94
95
96
97
98
99
100

Steven Geil: *Die Schale des Lebens. Rechtsprechung zwischen 1700 und 1800* (engl. Orig. *The Leaf of Live. Jurisdiction between 1700 and 1800*, 1982). Im Erscheinen, Düsseldorf 2019, S. 34.

Schale

»Was in Schalen gehört, wird irgendwann in ihnen liegen.
Was nicht irgendwann in Schalen liegt, gehört auch nicht hinein.«

Astro-Ingenieur und Ding-Semiotiker Steven Geil kannte sich wie kein Zweiter mit ihnen aus.

In einer ausgewogenen Analyse von zweifelhaften Rechtsfällen wie medizinischen Forschungsergebnissen ab 1700 wies er nach, dass letztlich Schalen darüber entschieden, ob eine Person frei oder unfrei, krank oder gesund gesprochen wurde.

Auch wenn der Ausdruck »Die Gunst der Schale« esoterisch anmuten mag, basiert er auf theoretischen Fakten. Nach Geil benötigt man mindestens zwei Schalen, um herauszufinden, ob sich in einer zu viele, zu wenige oder gleich viele Dinge befinden. Genauere Ergebnisse erreicht man heute allerdings mit drei Schalen.

Als die »Primzahl der Dinge« können Schalen wichtige Dinge und somit die Welt auf Dauer ins Gleichgewicht bringen. »Die Welt besteht aus zwei Schalen – nur falsch herum«, sagte Geil noch kurz vor seinem Tod.

Steven Geil: *Die Raute. Studien zu einer Philosophie geometrischer Formen* (engl. Orig. *The Rhomb: Philosophy of Symmetric Forms*, 1971). Im Erscheinen, Düsseldorf 2017, S. 187.

Sack

In der gängigen wissenschaftlichen Logik dient der Sack traditionell als Hilfsmittel, um Beziehungen zwischen Regel, Fall und Ergebnis zu veranschaulichen. Die erkenntnistheoretischen Schlussverfahren der Abduktion, Deduktion, Induktion und auch der Injektion (☛ Spritze) können dank Säcken und Bohnen klären, ob Bohnen aus bestimmten Säcken kommen und welche Farbe sie besitzen, wenn sie sich außerhalb oder innerhalb von Säcken befinden.

Es gilt jedoch auch: Gäbe es den Sack nicht, benötigte man keine Logik, um zu einer zweifelsfreien Erkenntnis zu gelangen. Der Sack ist somit Ursprung und Nemesis der abendländischen Epistemologie, er ist das Ding der Verdunkelung, der Mystik und des Glaubens.

Schon 1971 formulierte Steven Geil in seinem Hauptwerk *Die Raute. Studien zu einer Philosophie geometrischer Formen* eindrucksvoll:

»Rosinen mögen das Beste an einem Kuchen sein; aber ein Sack Rosinen ist nicht besser als ein Kuchen; und wer im Stande ist, einen Sack voll Rosinen zu geben, kann noch keinen Kuchen backen, geschweige dass er etwas Besseres kann.«

Personen, die der Mystik näher stehen als der Erkenntnislogik, verzichten daher traditionell gänzlich auf die Rosinen. Anhänger der Weltreligionen versuchen durch das Anziehen von Säcken seit jeher das Sichtbarmachen dessen zu verhindern, das selbst durch Säcke niemals verdeckt werden könnte.

Roulette

Finanziert seit 1841 zuverlässig nur zur Hälfte finanzierte Projekte in 49,325 % aller Fälle.

Röhre

Die Röhre dient als gebräuchlichstes Modell zur Visualisierung wichtiger Lehrinhalte an Schulen. Am bekanntesten sind Chemie-, Physik- und Biologieröhren. In der Schule beginnt ab der zweiten Klasse aufwärts jede Unterrichtsstunde in den Naturwissenschaften damit, dass ein Schüler eine der sehr schweren Röhren aus dem Röhrenraum in den Röhrenunterrichtsraum tragen muss. Die Kinder staunen, dann wird gelernt.

1
2
3
4
5
6
7
8
9
10
11
12
13
14
15
16
17
18
19
20
21
22
23
24
25
26
27
28
29
30
31
32
33
34
35
36
37
38
39
40
41
42
43
44
45
46
47
48
49
50
51
52
53
54
55
56
57
58
59
60
61
62
63
64
65
66
67
68
69
70
71
72
73
74
75
76
77
78
79
80
81
82
83
84
85
86
87
88
89
90
91
92
93
94
95
96
97
98
99
100

Reifen

Reifen sind am besten, wenn sie breit sind und Geschwindigkeiten über 300 km/h aushalten und auch bei extremer Belastung nicht platzen und Grip geben, um den Raser mit der Straße zu verbinden. Sie qualmen schöne schwarze Tags auf den ☞ Teer, riechen und dampfen und sind idealerweise von *Pirelli* oder *Michelin* und nie von *Bridgestone*. Bei Reifen sparen Petrolheads nie und pflegen, streicheln und cremen sie wie andere ihre Schuhe. Reifen sind schwarz und schön. Nur schmale nicht.

☞ **Ulf Poschardt**

Rakete

Eine Rakete ist ein Eis auf Stiel, das von Kindern herumgetragen wird im Sommer. Die Mütter dieser Kinder haben alle ihren Job aufgegeben, damit dem Kind die Rakete schmelzend über die Füße tropft und dann dort auf allen Vieren von den unverwirklichten Frauen mit einem Kleenex und den Worten »Hase!« aufgetupft wird.

☛ Sophie Hunger

Rahmen

Bestimmt das, was drinnen, und das, was draußen ist. Erst durch Rahmen konnte der Mensch auch die Dinge sehen, die ›nicht‹ gemalt sind.

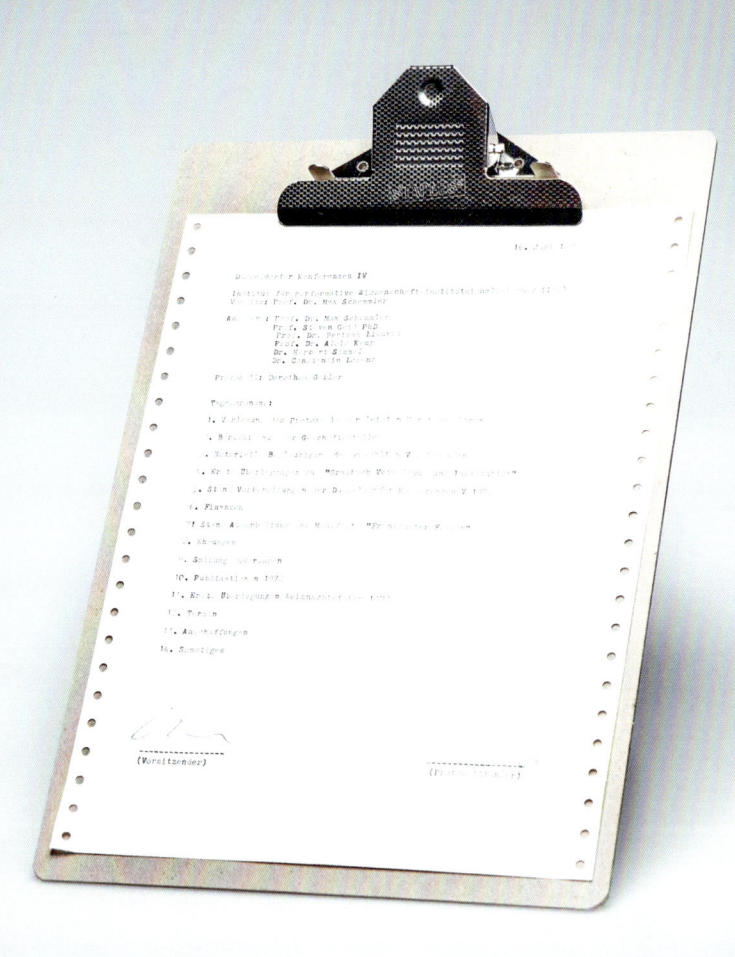

Protokoll

Protokolle sind eine deutsche Chiffre für Barbarei und gute Manieren, Explorationen des Abgrunds. Die Wannsee-Protokolle fixierten auf gerade einmal 17 Seiten den millionenfachen Mord, die »Endlösung der Judenfrage«. Die Kohl-Protokolle geißeln eine Kanzlerin aus der Uckermark, sie habe es in jüngeren Jahren bei Staatsempfängen am korrekten Umgang mit Messer und Gabel fehlen lassen und somit nicht nur gegen Anstand und Sitte, sondern auch noch gegen das Protokoll des Präsidialamts verstoßen. Kurzum, Protokolle sind vernichtende Urteile im wahrsten Sinne des Wortes.

☛ Tilman Jens

Pokal

Wie fortschrittlich und modern eine Gesellschaft ist, bemisst sich an der Häufigkeit, mit der ihre Teilnehmer einen Pokal gewinnen. Der Kapitalismus ist ein dauerhaftes Spiel um Gewinn und Verlust, es gibt viele Verlierer, aber auch sehr viele Gewinner, also viele Pokale. Im Kommunismus gibt es nur Gewinner.

Insgesamt gilt: Jeder kann für irgendetwas einen Pokal gewinnen, außer er ist ein Verlierer.

Aus: Franz Kafka: *Das Podest*.
Kapitel 6: Der Onkel – Leni. K.
bekommt Besuch von seinem Onkel,
der vom Podest gehört hat

Franz Kafka: *Das Podest*. Stroemfeld,
Frankfurt a.M. / Basel 1997.

Podest

»Ich fragte, was denn das für ein Podest sei, ob er sich nicht irre, er aber sagte, er irre sich nicht, es sei ein Podest, und zwar ein schweres Podest, mehr aber wisse er nicht.«

[...]

»Ja, Onkel«, sagte K., »es ist wahr.«

»Wahr?« rief der Onkel. »Was ist wahr? Wie kann es denn wahr sein? Was für ein Podest? Doch nicht ein Strafpodest?«

»Ein Strafpodest«, antwortete K.

Pflanze

Es gibt wenige Pflanzen, die so attraktiv sind wie die Palme. Blumen beginnen nach drei Tagen zu sterben. Dagegen kann man nichts machen. Gemüse sagt uns nichts mehr, wir können es kaum mehr unterscheiden, wenn es einen im Supermarkt anglotzt. Die Palme aber ist schön. Palme ist auch in einem sehr verrotteten Zustand immer noch attraktiv. Sie ist eine Verheißung, wenn sie so schön aufgereiht an den Straßenrändern von Los Angeles steht. Obwohl sie niemals etwas versprechen wird: Denn man darf ihre Aura von Glamour und Schönheit nicht ernst nehmen. In ihr verstecken sich ☛ Tiere, alte, spitze Blätter, die Palme kann gefährlich sein, wenn sie abbricht, ihre Blätter können ganze Köpfe abtrennen. Die Palme steht ruhig da und sagt kein Wort, über hundert Jahre. Man schaut sie an, und alles ist gut. Sie bleibt da. Und immer, wenn du sie brauchst, stellst du dich vor die Palme und sprichst mit ihr. Sie kann dir alles erzählen. Über Glanz, über Schönheit und über den Tod. Die Palme ist eine Pflanze, die für uns Menschen wichtig ist.

☛ Anne Philippi

Pedal

Das Pedal ist die erste Form der Kontingenz. In ihm wird die Logik der Binarität zugunsten einer Potenz der Kontinuität überwunden.

Mit Seilzügen und Gestängen regelt das Pedal den Luftdurchsatz oder steuert unzählige Bandmaschinen – zuerst in Webereien, danach an den Schreibmaschinenplätzen der Diktate abtippenden Sekretärinnen. Das Pedal moduliert den Tastenton aus Klavieren und steuert Orgelpfeifen an. Die Seitenruder alter Flugzeuge werden ebenso mit Pedalen justiert wie die Hochachsen der Helikopter. Irgendwann kamen einbeinige Männer aus den Schlachten heim und konnten nicht mehr kuppeln.

Das Pedal übersetzt, ist ein Ding der Überschreitung, ohne es wäre die Moderne nicht denkbar gewesen. Ein Pedal zu bedienen, bedeutet auch, mit ihm zu denken, und was man mit dem Pedal denkt, lässt sich eben nur mit Pedalen denken.

Im Pedal treffen sich die Verheißungen und der Schrecken des Fortschritts in einer dialektischen Verschränkung: Wer es richtig bedient, kann Töne variieren, Beschleunigung aufnehmen oder eine Katastrophe abwenden und gleichzeitig beispielsweise noch einen Kaffee trinken. Wer es jedoch zu kurz, zu lang, zu früh oder zu spät bedient, der fliegt entweder von der Akademie oder gegen eine Wand.

Pedale muss man rechtzeitig treten, damit Ereignisse zum richtigen Zeitpunkt eintreten. (Vgl. dazu im Unterschied ☛ Taste)

Mit ihnen werden zudem auch Strukturen, Systeme und Ordnungen für den Menschen überhaupt erst wahrnehmbar und zumeist im Sitzen über die Füße erfahrbar. Die Botschaft des Pedals besteht jedoch nicht nur in der Information über die Realität seiner gegenwärtigen Funktionsweisen sowie deren Organisation, sondern vielmehr in der Förderung der Möglichkeit zukünftiger Ordnungssysteme, die mit den Füßen gedacht werden können.

☛ **Jan Drees**

Paket

Statistisch gesehen sind Länder mit einem hohen Paketversand pro Kopf kinderreicher, die Institutionen unbürokratischer, das Klima besser und die Bevölkerung glücklicher. Um diesen positiven Effekt für nachwuchs-ärmere, bürokratischere, unglücklichere Länder mit schlechtem Wetter nutzbar zu machen, wurde der Paketversand mit dem Fall der Mauer auch in Deutschland staatlich subventioniert. Aufgrund negativer Ergebnisse gilt die einstige Statistik heute als nicht mehr zutreffend.

Somit ist das Paket laut Statistik das wichtigste Ding, wenn es um die Widerlegung von Statistik durch Empirie geht.

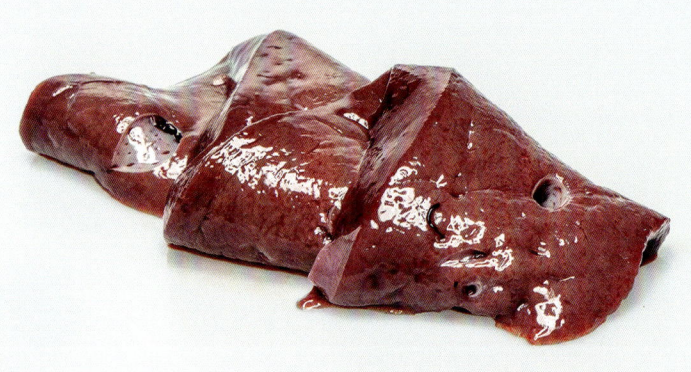

Organ

Das noch zu erscheinende Periodikum des *Instituts für Zeitgenossenschaft* IFZ heißt: *Das Organ.*

Wer schlecht über Organ spricht, bekommt Post vom Anwalt!

Die Tatsache, dass es einen Organhandel gibt, zeigt nur, wie wichtig das Organ ist.

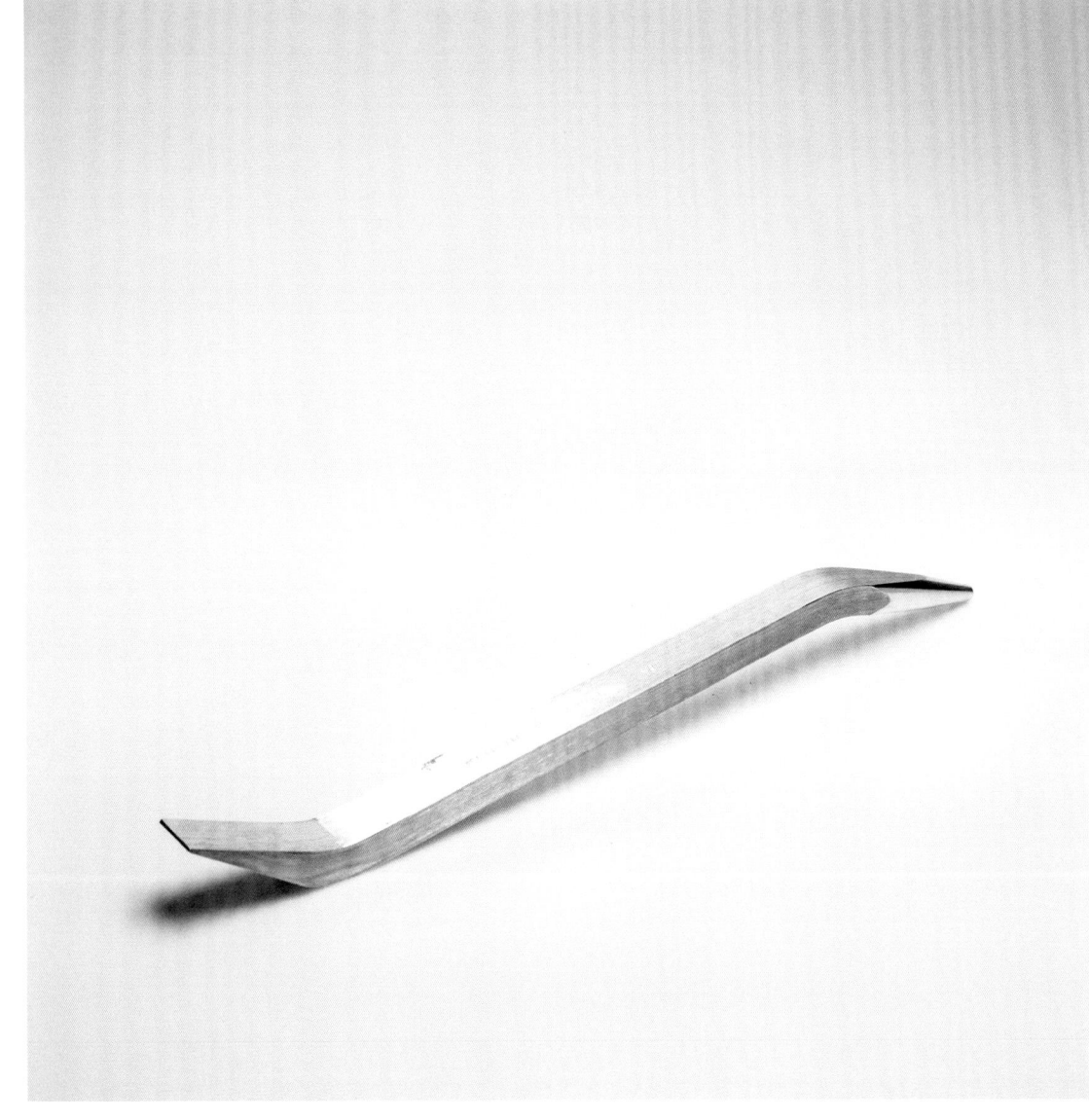

Öffner

In Metropolen wie Tokio, São Paulo oder Mexico City wird das vielleicht größte internationale Dilemma des Urbanen evident: Nicht alle verfügbaren Räume dürfen zeitgleich geöffnet werden, nicht für jeden öffenbaren Raum darf es Öffner geben – sonst würde alles im Chaos versinken, und es gäbe Stau. Die Metropole ist dabei ein privilegierter Ort der Ökonomie von Öffnungsvorgängen. Im Falle des dominanten Öffnungs-Phänomens der ⬅ Tür lassen sich mindestens vier Formen beschreiben:

›Simultan-Öffnung‹: Gleichzeitiges Öffnen unterschiedlicher Türen.

›Kontraktions-Öffnung‹: Beidseitiges Öffnen derselben Tür.

›Affekt-Öffnung‹: Öffnen der Tür mit besonderer Behutsamkeit oder ohne Öffner.

›Kontingenz-Öffnung‹: Öffnen einer beliebigen Tür durch einen beliebigen, aber zufällig passenden Öffner.

In einer Welt, die durch ihre Segregation von Räumen erst zusammengehalten wird, gilt es als verwegen, Öffner als Herrschaftstechnik zu nutzen. Oder einfacher: Wer versucht, offene Türen zu öffnen, verhindert Forschung und Fortschritt.

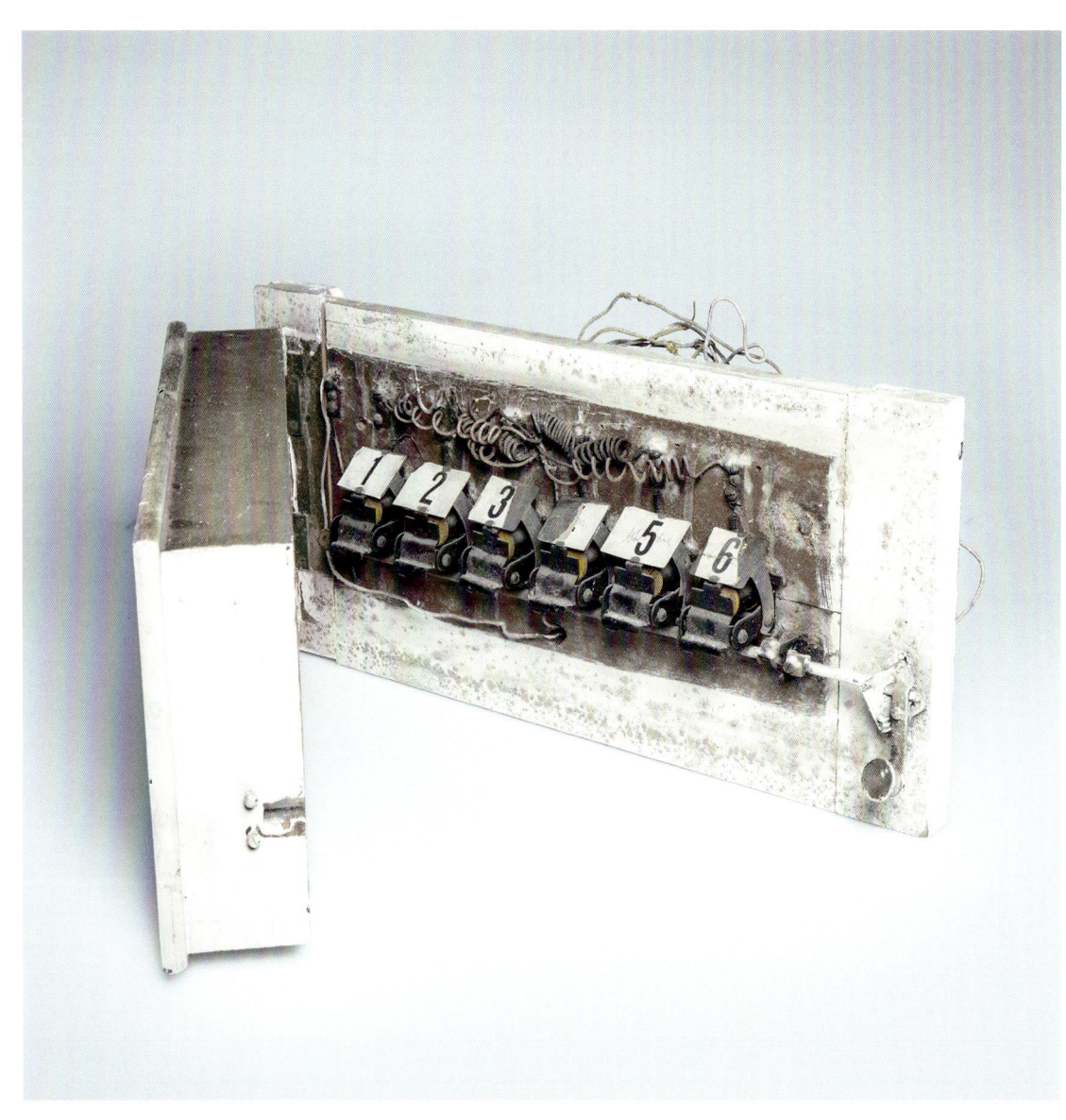

Nummer

Eine Nummer ist eine Zahl ohne Komma. Grundlage jeglicher Form von Organisation und Hierarchie in Gesellschaften mit einem Mindestmaß an Verwaltung. Verwaltung bedeutet: Personen und ☛ Dingen Nummern geben, um sich an sie zu erinnern.

Wichtige, privilegierte Dinge und wichtige, privilegierte Personen tragen immer die Nummer 1. Im Buch *Die 100 wichtigsten Dinge* sind ausschließlich Dinge der Kategorie 1 aufgeführt – insgesamt gibt es einhundert.

Das beste Land sind die Vereinigten Staaten von Amerika.

1
2
3
4
5
6
7
8
9
10
11
12
13
14
15
16
17
18
19
20
21
22
23
24
25
26
27
28
29
30
31
32
33
34
35
36
37
38
39
40
41
42
43
44
45
46
47
48
49
50
51
52
53
54
55
56
57
58
59
60
61
62
63
64
65
66
67
68
69
70
71
72
73
74
75
76
77
78
79
80
81
82
83
84
85
86
87
88
89
90
91
92
93
94
95
96
97
98
99
100

Niet

Auf dem Bild, eine Fotografie, ist ein Niet zu sehen.

Soweit man erkennen kann, befindet er sich ungefähr in der Mitte der quadratischen Aufnahme und bewegt sich nicht. Er besteht aus zwei farblich differenzierbaren Teilen: einer silbernen, stumpfen Spitze sowie einem kupferfarbenen Kopf. In dieser Form erinnert er an ← Stock oder ← Waffe. Ein leichter Schattenwurf und eine seichte Spiegelung lassen erahnen, dass er auf einem Untergrund liegt, auch wenn dieser selbst in der fahlen, grau-blau-verlaufenden Farbigkeit nicht sicher auszumachen ist. Diese Umgebung präsentiert sich zugleich flächig wie tief, begrenzt wie unendlich.

Die Brennweite einer solchen Fotografie muss über 80 mm liegen, da somit keine perspektivische Verzerrung durch das Objektiv entsteht *(distorted thing effect)*. Winkel und Perspektive können als klassisch bezeichnet werden, als wissenschaftlich und dokumentarisch. In der leichten Aufsicht wird der Niet maximal im 45 Grad-Winkel zum Betrachter präsentiert, was den Eindruck einer objektiven, emotionslosen, jedoch korrekten wie schönen Darstellung vermittelt.

Fotografen wissen, dass sich der Niet zum Zeitpunkt der Aufnahme in einer Hohlkehle befand.

Das ebenfalls zu sehende Blitzlicht wurde mit *Beauty Dish*-Aufsatz (weil relativ teuer) gegen den Niet gestrahlt, um ihn weich, aber dennoch fokussiert auszuleuchten. Ein bewusster wie gekonnter Einsatz der Blende 8 setzt ihn in seiner Gesamtheit so schön scharf und sichtbar in Szene.

Nicht zufällig lassen sich alle 100 wichtigsten Dinge in genau dieser Form ablichten – nein, sie müssen genau in dieser Form fotografierbar sein und fotografiert werden!

Die richtige Präsentation der Wichtigkeit ist Teil ihrer selbst als notwendige wissenschaftliche Methode, welche sie hervorbringt und wahrnehmbar macht.

Vgl. Max Schemmler: *Das Netz.*
Eichbach, Köln 1974.

Netz

Die von Max Schemmler begründete Netz-Forschung ist bis heute Grundlage für all jene Wissenschaften, die das Netz gut finden, aber nichts mit virtuellen Wirklichkeiten anzufangen wissen. Das Netz im Sinne Schemmlers ermöglicht es, als Ding andere Dinge aufzunehmen, bleibt dabei jedoch formbar und dynamisch. Die Ordnung der Dinge innerhalb von Netzen ist unvorhersehbar. Eine bestimmte Anzahl von Dingen (eines oder mehrere), die sich in Netzen befinden, werden zusammenfassend als »Netz-Ding« bezeichnet. Die Dinge, die sich im Netz zum Netz-Ding transformieren, unterliegen dabei der Form des Netzes.

Anders als das ☜ Sieb trennen Netze keine wichtigen Dinge; anders als der ☜ Sack zeigen Netze schon von außen, welche Dinge sie beinhalten.

Der Mythos vom »Netz der Pandora« erzählt von der Hoffnung, dass alle wichtigen Dinge der Welt harmonisch in einem großen Netz beheimatet werden könnten.

Magnus Resch

Wert. Anlage. Galerie.

Ich glaube, ich war sechzehn, als ich zum ersten Mal eine Galerie betrat. Ich erinnere mich gut. Es war die Galerie Rüdiger Voss, noch heute gelegen in der Mühlengasse in Düsseldorf. Durch diese Straße ging ich täglich auf dem Weg zu meiner Schule, den Ursulinen. Es roch nach Bier und nach Kotze in dieser Straße. Altstadt. Nebenan die Brauerei *Füchschen*. Ich liebte die Mühlengasse.

Lange Zeit ging ich achtlos an der Galerie vorbei, erst spät blieb mein Blick an ihr hängen. Die Räume sahen anders aus als die Geschäfte nebendran. Sie strahlten in herrlichem Weiß. Vielleicht waren es die grellen Neonleuchten oder die makellosen Wände, der glattgeputzte, helle Betonboden oder einfach nur diese Leere. Menschen sah ich hier fast nie. Im Film *Bruce Almighty* spielt Morgan Freeman Gott. Um ihn herum strahlt es auch immer weiß. Es ist das Weiß der Galerien.

Mir fiel das Kunstwerk sofort auf. Von außen sah ich es ganz klar durch die Scheiben zu mir hinüberscheinen. Es war grell – mit vielen bunten Farben. Sogar Menschen in akrobatischen Posen zeigte es. Es war prachtvoll, lebendig, unruhig, heroisch. Ich wollte es näher sehen.

Es dauerte einige Tage. Doch irgendwann ging ich rein. Ich erinnere mich noch genau, wie ich die Glastür aufdrückte. Sie klemmte leicht, weil ich sie über den gebürsteten Fußabtreter drücken musste. Obzwar es keine Schwelle beim Eingang in die Galerie gab, fühlte es sich dennoch so an. In der Galerie war Stille. Das Kunstwerk wirkte übergroß auf mich. Ich ging näher heran, hielt aber Abstand. Bloß nicht anfassen. Hinten in der Ecke sah ich eine Person, versteckt hinter einem großen Tresen. Mich überkam Unbehagen, sie war nicht einmal hübsch.

Schnell verließ ich die Galerie wieder. Beim Rausgehen noch griff ich nach einem A4-Blatt, das in einem Ständer steckte. Viel Unfug stand auf dem Bogen, ich warf ihn sofort weg. Den Namen des Künstlers aber prägte ich mir ein. Es war Norbert Bisky.

Bis heute hat sich mein Gefühl nicht geändert. Ich hasse es, Galerien zu betreten. Ich fühle mich klein. Der Unterschied zu früher aber ist, dass ich jetzt mehr weiß, zum Beispiel wieviel Umsatz die Galerie macht. Als erfolgreicher Ökonom und Unternehmer holt mich das in die Realität zurück. Es hilft mir, mich dem Bann der Galerie wieder zu entziehen, denn Wissen relativiert die Faszination. Nüchterne Bilanzzahlen verdrängen das göttliche Weiß, der Schwarzmarkt reüssiert. Eine von drei Galerien ist pleite. Diese Galerie wird bald schließen. Das Kunstwerk an der Wand ist eine einfache Leinwand, nicht mehr als ein gewöhnliches Ding, der Kunstmarkt eine ☛Miniatur, gemessen am Jahresumsatz von *FedEx*.

Das muss ich betonen: Kunstwerke sind gewöhnliche Dinge. Bis heute ist kein Kunstwerk bekannt, das nicht zu irgendeinem Zeitpunkt ein gewöhnliches Ding gewesen wäre. Zu einem Kunstwerk (Staunen, Vorsicht, Absperrung, weiße Handschuhe) oder zu einem Exponat (noch mehr Staunen, Security, Alarmsystem) wird es erst durch den Preis. Zweifelsfrei: Zwar geht das Ding dem Exponat zunächst voraus, doch wird dieses (das Exponat) im Fortgang abermals zu einem Ding, nun aber zu einem Ding mit einem (hoffentlich) höheren Preis. Das macht es besonders und einzigartig, und deswegen wird es gekauft und verschwindet fortan aus der Galerie. Daher muss ständig und immer wieder Neues aufgenommen werden, und zwar solches, das anders aussieht als das schon Gesammelte und das in der Lage ist, für einen kurzen Moment den ganzen profanen Bereich außerhalb der Galerie zu repräsentieren – exakt so lange, bis auch dieses Ding wieder zum ☛Exponat geworden ist. Es ist ein ewiger Kreislauf. Die Autoren dieses Buches haben das freilich erkannt, das Exponat zählt zu den 100 wichtigsten Dingen.

Und doch, trotz aller Ratio kann ich mich Galerie und Exponat nicht entziehen. Kein Ladengeschäft der Welt reicht heran. *Abercrombie & Fitch* stellt nackte Models an die Tür, *Louis Vuitton* zahlt Mietpreise in Bestlage, *Prada* bestimmt die Frisur seiner Verkäufer – und ich empfinde nichts. In der Galerie jedoch bin ich bereit, jeden Preis zu zahlen. Schon die 3.000 Euro, die der Bisky damals kostete, wären zu viel gewesen. Die Produktionskosten liegen doch nur bei 200 Euro, addiert man Arbeitskosten und Inflation, landet man bei (höchstens!) 600 Euro. Und doch, heute muss ich das Zwanzigfache zahlen und mache es gerne. Ich will es noch mehr als früher. Aber warum?

Gute Kunst ist, was teuer ist. Der Preis definiert den Wert. Und die Galerie etabliert diesen Preis. Je mehr ich es will, desto höher der Preis, desto höher der Wert. Die Galerie lässt das Ding hinter dem Wert verschwinden, erst jetzt wird klar: Unter den 100 wichtigsten Dingen ist die Galerie das einzige Ding, das zu Recht fehlt.

☛ **Magnus Resch**

Müll

Die vier grundlegenden Fragen einer zeitgenossenschaftlichen Dingforschung lauten: Was kann ich wegwerfen? Was soll ich recyceln? Was darf ich sammeln? Was ist Müll?

Unabhängig der Beantwortung dieser Fragen im Einzelabfall steht fest: Müll ist das Ding, das weggeworfen, recycelt und gesammelt werden muss. Demnach ist echter Müll als materialisierte Form von Wissen, Wahrheit und Wichtigkeit der zentrale Kern einer jeden Sammlung von Dingen, ohne welchen alle anderen Dinge nur Müll wären.

Miniatur

Eine Miniatur im Garten schützt vor bösen
Blicken der Nachbarn.

Unter dem Kopfkissen befreit sie vor psychoanalytisch
deutbaren Träumen.

In der Weste des Arbeiters hilft sie prophylaktisch
gegen marxistische Entfremdung.

Steht sie beim Schreiben auf dem Schreibtisch,
kann falsche Semiotik leicht vermieden werden.

Bereits eine geringe Anzahl, auf die richtigen Läden verteilt,
kann geschwächte Wirtschaft wieder ankurbeln.

Missbrauch von Miniatur ist heutzutage der häufigste
Grund für politische Spannungen.

Magnet

Alle 350.000 Jahre polt sich das Magnetfeld der Erde automatisch um. Was Norden ist, wird Süden und umgekehrt, das haben Messungen ergeben. Da heute niemand mit Bestimmtheit sagen kann, was in diesem Fall mit den unzähligen Magneten in Schulen oder Universitäten geschieht, und es sein kann, dass sich diese plötzlich in nutzlose ☛ Stücke aus Metall verwandeln, gehört der Magnet bis zu diesem Zeitpunkt zu den drei spannendsten Dingen der Welt.

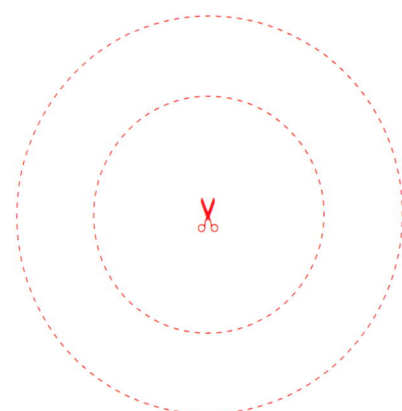

↑ schnittsicherer Bereich →

↓ schnittsicherer Bereich ←

Bitte gewissenhaft und nach jeweiligem Stand der Forschung ausschneiden.
Das Loch endet am Rand der jeweiligen Schnittlinie, passen Sie also bitte auf,
dass Sie nicht versehentlich ins Loch hineinschneiden. Danke.

Loch

Dass es nicht nichts gibt, hat die Astrophysik mehrfach bewiesen, das Loch ist dennoch eines der letzten Geheimnisse des Universums.

In Löchern verbergen sich Rätsel. Sie bleiben stets geheimnisvoll, verlieren niemals ihren Charme. Noch nie ist es jemandem gelungen, aus einem echten Loch zurückzukehren, daher weiß man wenig über ihre Beschaffenheit. Es bleibt das Ding der mysteriösen Vermutung.

Die Zeitgenossenschaft widmet(e) dem Loch 2020 ein feierliches Jubiläum. Bis dahin soll(te) einerseits herausgefunden werden, ob sich in den Löchern der Naturwissenschaft weniger verbirgt als das bisher erforschte Nichts – was zu jeder Zeit einem wissenschaftlichen Wunder gleichkommen würde; andererseits soll(te) die Geschichte des Lochs unter dem Slogan »Was ist ein Loch?« auch aus geisteswissenschaftlicher Perspektive völlig neu konzipiert werden.

Vorschläge, wie solch ein Neudenken der Löcher aussehen könnte, nimmt das IFZ bis 2018 (und dann wieder ab 2025) entgegen. Ein *Call for Papers* befindet sich im Erscheinen.

Die 100 wichtigsten Dinge N°55 L

1
2
3
4
5
6
7
8
9
10
11
12
13
14
15
16
17
18
19
20
21
22
23
24
25
26
27
28
29
30
31
32
33
34
35
36
37
38
39
40
41
42
43
44
45
46
47
48
49
50
51
52
53
54
55
56
57
58
59
60
61
62
63
64
65
66
67
68
69
70
71
72
73
74
75
76
77
78
79
80
81
82
83
84
85
86
87
88
89
90
91
92
93
94
95
96
97
98
99
100

Lack

Konsequenteste Oberflächenveredelung. Einfach gut™. Man geht davon aus, dass in naher Zukunft alle Dinge der Welt mit Lack überzogen sein werden.

Vgl. Georg Lukács: *Die Theorie des Romans. Ein geschichtsphilosophischer Versuch über die Formen der großen Epik.* Luchterhand, Darmstadt/Neuwied, 1982.

Kredit

Kredit (lat. *credere, creditum*) ist in Zeiten »transzendentaler Obdachlosigkeit« (Georg Lukács) ein profaner Ausdruck des Glaubens. Der Kreditgeber ist jedoch nur scheinbar der Mächtige, in Wahrheit ist das Machtverhältnis umgekehrt: Der Kreditgeber muss dem Kreditnehmer glauben, dass der Kredit zurückgezahlt wird – er ist ein frommer Kapitalist. Der Kreditnehmer glaubt höchstens an sich selbst, denn der Kredit ist eine Überlassung, mit der man alleingelassen wird.

☛ **Wolfgang M. Schmitt jun.**

Klammer

Die Klammer als das Ding, was umfasst, wofür man sich nie interessiert, fasziniert uns (das *IFZ*) und lässt uns (das *IFZ*) weiter darüber nachdenken, wieso die Klammer nicht wirkt. Wenn wir (das *IFZ*) – und den Fall hatten wir (das *IFZ*) – mit der Klammer ein Problem haben, machen wir (das *IFZ*) mit einer anderen Klammer weiter, und dann kommt es vor, dass das Problem, das wir (das *IFZ*) dort lösen, auch das Problem mit der ersten Klammer behebt.

Abbildung zeigt breiten ☞ Stock mit ☞ Draht und ist Beweis für jedes arabische Sprichwort.

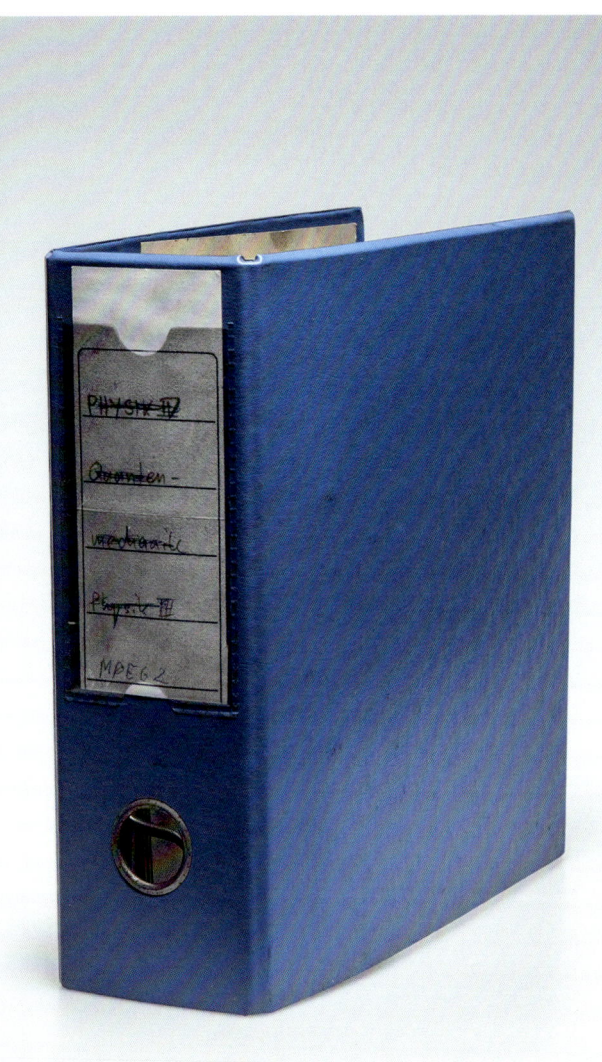

Katalog

Im Zeitalter von teuren und nicht teuren, guten und schlechten ☛ Expo-
naten ist der Katalog per Definition die Grundlage für die Repräsentation
der Reproduzierbarkeit von erstens Technik, zweitens von Dingen, die aus
☛ Brettern gefertigt werden, und drittens von allen anderen Dingen auch.

Internet

Über das Internet kann heute jeder das ☛ Buch *Die 100 wichtigsten Dinge* vom *Institut für Zeitgenossenschaft IFZ* bestellen.

Der schönste Weg ins Internet lautet: www.ifz-international.de

Instrument

Immer wieder behaupten Pädagogen, alles könne irgendwie Instrument sein: Topf, Stein oder Schere – aber das ist falsch und vor allem sozialpolitisch unredlich, da irreführend. Nur ein Instrument ist ein Instrument. Oder noch präziser: Nur ein teures Instrument ist ein gutes Instrument! An einem Instrument lernen Kinder daher nicht nur den wichtigen Unterschied zwischen ›mein‹ und ›dein‹, ›gut‹ und ›schlecht‹, sowie ›teuer‹ und ›billig‹, sondern auch, was es heißt, nicht alles zu glauben, was Pädagogen behaupten.

Es gilt die Faustregel: Das beste Instrument ist immer das teuerste, das man sich leisten kann, das heißt, das Instrument, das sich echte Musiker nicht leisten können, sondern nur die Kunden, für die gute Instrumente gebaut werden. In Fachkreisen spricht man von der Zielgruppe der DDLS (*Doctors, Dentists, Lawyers*).

Hörer

Ein Hörer ist eine Kombination aus Tonträger, Rhetorik und Expertise. Er ermöglicht Kommunikation und taucht fast überall auf, wo über Musik geredet werden kann.

Hier ein Beispiel für einen Hörer aus Langspielplatte, Avantgarde und Enttäuschung:

»Ich erinnere mich an eine Szene im Düsseldorfer *Salon des Amateurs* vor einigen Jahren. Da saß ich durch Zufall mit Thomas Meinecke und Diedrich Diederichsen und folgte einer Unterhaltung über Musik. Irgendwann legte der Poptheoretiker eine Platte auf, die auf der ersten Seite einen einzigen, zwanzigminütigen Sinuston spielte, was natürlich nach spätestens 30 Sekunden sehr enervierend ist. Als dann die ersten Gäste den Salon verließen und die Seite durchgelaufen war, kam der Inhaber des Clubs und sagte demütig, man solle doch vielleicht einmal eine andere Platte auflegen. Da schaute der Musiker ganz traurig und sagte, er hätte doch noch so gerne die andere Seite gehört, wohl wissend, dass sich darauf nur ein anderer Sinuston befand. Erst nachdem ich über diesen guten Witz gelacht hatte, wurde mir klar, dass er das vollkommen ernst meinte.«

(Freie Beobachtung eines IFZ*-Vorstandsmitgliedes)*

Höhle

Bevor es Kinosäle gab, wurden Filme erstmalig in Griechenland einem interessierten Publikum in Höhlen gezeigt. Werner Herzog ist einer der letzten großen Filmemacher, die Filme für Höhlen drehen.

Das berühmte, in diesem Buch veröffentlichte »Fell-Gleichnis« von Katja Eichinger hat nicht nur sehr viel zum allgemeinen Verständnis von Höhle, Film und Fell beigetragen, sondern ist – mit eben dieser Publikation – nun auch erstmalig einem interessierten nicht-griechischen Publikum zugänglich.

Vgl. Jeremy Bentham: *Plane Things.*
A Defence of Morals and Legislation.
Clarendon, Oxford 1789.

Vgl. Martin Heidegger: »Nur noch ein
Gott kann uns retten.«, in: *Der Spiegel*,
23/1976, S. 193.

Hobel

In seinem 1778 erschienen Werk *Plane Things. A Defence of Morals and Legislation* entwarf der Philosoph und Sozialreformer Jeremy Bentham in einem Gedankenspiel ein Werkzeug, das seinen ihm angedachten Zweck nur unter der Inkaufnahme eines größtmöglichen Kollateralschadens erreichen würde, um seine Idee des Utilitarismus zu veranschaulichen (Chapter 5.1.3: »How to plane things«): »Je größer der Hobel desto größer der Schaden.«

Erst sehr viel später fertigte der österreichische Bildhauer Alois Krantl (1913) den ersten Hobel nach den exakten Vorstellungen Benthams und notierte in seinem Tagebuch Beobachtungen im Umgang mit diesem Ding:

»Der Hobel ist ein Ding gleich mir von ☞ Stock, ☞ Draht, Eisen,
und nicht leicht zu verdrehen, selbst nicht auf Reisen.
Eile und Takt muss reichlich man besitzen
und flinke Finger, um ihn zu benützen.«

Schnell (1914) erkannte der von nun an hobelnde Krantl: »Der Hobel hobelt mit an unseren Gedanken.«

In Zeiten, in denen die materiellen Beispiele zur Veranschaulichung komplexer Begriffe abhandenkommen, ist der Hobel das letzte Ding, das wichtige und somit auch philosophisch relevante Dinge in die theoretisch passende Form bringen kann.

Wie schon Martin Heidegger feststellte: »Wer groß denkt, muss grob hobeln.«

1   Flynn Butter: *Schemmler in Schottland.* Im Erscheinen, Düsseldorf 2020, S. 178.

Hebel

»Die Geschichte nimmt einen unvorhersehbaren Verlauf, wenn Schemmler in einem schottischen Nachtzug auf einen Unbekannten trifft, der ihn in ein scheinbar belangloses Gespräch verwickelt: ›Was für ein Hebel ist das da, gehört der Ihnen?‹ Schemmler: ›Der? Nein, aber ich nehme an, es handelt sich um einen schottischen.‹ ›Ein schottischer Hebel, was soll das sein?‹ ›Wir befinden uns in Schottland, das ist ein Hebel. Ich denke also …‹ ›Aber für was sollte hier ein Hebel benötigt werden?‹, erwidert der Unbekannte entsetzt. ›Ich werde der Sache auf den Grund gehen!‹ Dann stoppte der Zug.«[1]

Manchmal braucht es einen Hebel, um Geschichten Spannung oder eine überraschende Wende zu verleihen. Und manchmal stoppt ein Hebel einfach einen Zug.

Vgl. Bertram Likursi: *Geschichte als Anhäufung von Gewesenem.* Ariadne, Bielefeld 1968.

Haufen

In seinem einschlägigen, 1968 publizierten Werk *Geschichtsschreibung als Anhäufung von Gewesenem* beschreibt Bertram Likursi den Haufen als das zentrale wissenschaftliche Werkzeug des Historikers. In abendländischen Kulturen gilt in Bezug auf seine ideengeschichtliche Bedeutung: Was die Zentralperspektive für die Malerei, ist der Haufen für die Geschichtsschreibung.

Haube

Haube dereinst
In der Wanne fast immer weiß
Fast nur rein
Nicht in der Wanne, dann wollustreich
Fast nur weich

(Automatisches Gedicht)

Vgl. z. B. Bruno Latour: *Wir sind nie modern gewesen. Versuch einer symmetrischen Anthropologie.* Akademie Verlag, Berlin 1995.

Haken

Der Haken erinnert die Menschen – und vor allem die ☞ Tiere – daran, woher sie kommen und wohin sie gehen. Menschen beispielsweise gehen gerne in die Kirche, den Supermarkt oder die Sauna, Tiere gehen an den Haken. In der jüngeren Geisteswissenschaft wurden wirkmächtige Versuche (Bruno Latour, Donna Haraway, Peter Singer u. a.) unternommen, dem Humanismus ein Ende zu bereiten, indem man Aids, Ozonloch, Menschen, Fische und Computer so lange zusammendachte, bis am Ende alles egal war.

Der Haken verweigert sich dieser egalitaristischen Hybrid-Logik mit jedem geglückten Fang, er ist das letzte und wichtigste Instrument gegen die Ohnmacht einer Theorie, die nie modern gewesen sein möchte.

Bruno Latour verwechselt in seiner Akteur-Netzwerk-Theorie nicht nur Natur und Gesellschaft, sondern vor allem ☞ Internet und Fischfang.

Wie man es brät und wendet, der Mensch sitzt am längeren Haken (*siehe Schaubild*).

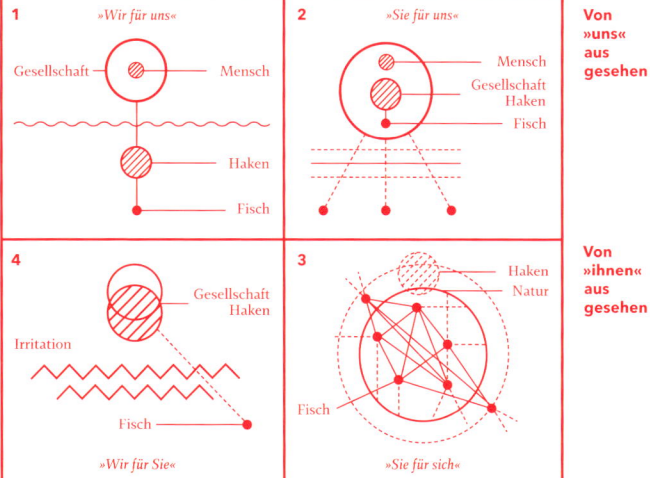

Jean-Luc Godard: *Einführung in eine wahre Geschichte des Kinos.* Fischer, Frankfurt am Main 1992, S. 129.

Gürtel

Der Gürtel ist eine Grenze. Entweder befinden sich die Dinge über der Gürtellinie oder darunter, nie dazwischen. Er ist ein gesellschaftlicher Meridian, Horizont der Blöße, des Begehrens, der Scham wie der Befreiung. Er ist als Ding Perspektive. Was der Rahmen für die Malerei, ist die Gürtellinie für die Vorstellung von Pornografie und Mensch. In seiner *Einführung in eine wahre Geschichte des Kinos* schrieb Jean-Luc Godard:

»Der Pornofilm ist der Film unter der Gürtellinie. Aber das ist die Schuld derer, die immer nur über dem Gürtel filmen, die drunter nicht filmen können, ohne nicht auch drunter zu sein, wenn man so will, statt das menschliche Wesen als etwas Ganzes zu sehen.«

Vor allem die Bildenden Künste lassen sich immer auch darüber definieren, ob sie den Blick über oder unter die Gürtellinie favorisieren. Allzu schnell wird heute der Gürtel als Bund der Blicke vergessen, zu schnell fallen ohne Gürtel die Hüllen.

Die Zeitgenossenschaft interessiert sich primär weder für das, was über, noch das, was unter der Gürtellinie passiert, sondern für den Gürtel selbst.

Den Blick wieder auf den Gürtel richten! Den Gürtel zurück in die Künste und Wissenschaften holen!

Das sind Postulate, die wissen, was der Gürtel geschlagen hat.

Getränk

man muss trinken!

ich trinke Cafe
Cafe
Cafe

am frühen Morgen
Cafe etwas Milch
dann Espresso ohne
Ende!

zu spät i. die Nacht
und manchmal
auch noch nach
Mitternacht

Wasser soll man auch
trinken,
also trinke ich Wasser
manchmal vergesse
ich's!

Alkohol , Cocktail
ist für mich ein
Whisky

Ein "Nikka" selbstver-
ständlich
mit Wasser

"Mizuwari"
wie die Japaner es
lieben

[signature]

← Charles Schumann

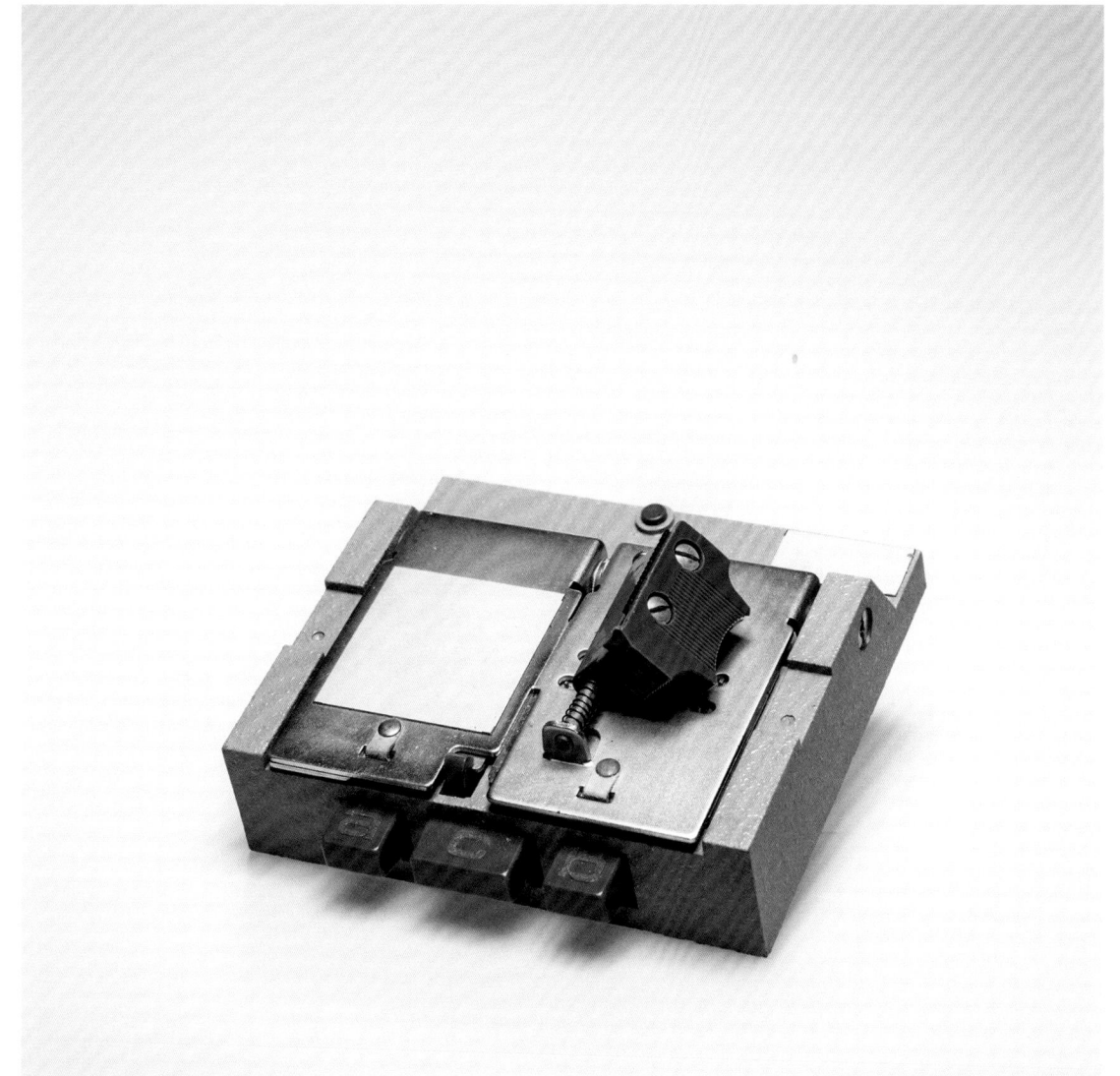

Vgl. Norbert Bolz: *Das Gestell.*
Wilhelm Fink, Paderborn 2012.

Gestell

Die moderne Welt des 21. Jahrhunderts ist eine Welt des Gestells. Während zu Zeiten der Schwerindustrie und des Fließbands Gestelle Gestelle herstellten, um diese für ☞ Automaten nutzbar zu machen, fungiert das Gegenwartsgestell als Hersteller von Ordnung und Struktur. Die Kausalkette hat sich umgedreht: Heute stellt das Gestell *uns* am Fließband her und markiert den Einzelnen fortlaufend als Angestellten. In der Folge tritt der fertige Angestellte dem System nur noch als dauerhafte Gestalt gegenüber – die Gestalt ist die Ordnungsvariante von Mensch und Person.

Beispiele für Personen: Martin Heidegger, Norbert Bolz, Brigitte Nielsen.

Die bekannteste Person ist Martin Heidegger. Etwas weniger bekannt ist Brigitte Nielsen.

Für weitere Informationen fragen Sie Norbert Bolz.

1
2
3
4
5
6
7
8
9
10
11
12
13
14
15
16
17
18
19
20
21
22
23
24
25
26
27
28
29
30
31
32
33
34
35
36
37
38
39
40
41
42
43
44
45
46
47
48
49
50
51
52
53
54
55
56
57
58
59
60
61
62
63
64
65
66
67
68
69
70
71
72
73
74
75
76
77
78
79
80
81
82
83
84
85
86
87
88
89
90
91
92
93
94
95
96
97
98
99
100

Geschenk

Ein Geschenk ist das letzte Artefakt, das durch konsequente Selbstleugnung die Hoffnung suggeriert, die Form eines jeden anderen Dings annehmen zu können. Das Geschenk an sich ist unverpack- und daher unverschenkbar.

Max Schemmler: *Aphorismen und Notizen.* Im Erscheinen, Düsseldorf 2017, S. 46.

Gericht

»Ich habe Hunger!« ist in jeder Sprache der mit Abstand wichtigste Satz. Wer »Ich habe Hunger!« sagt, hat oftmals tatsächlich Hunger. Das Gegenteil dieses Satzes lautet nicht »Ich bin satt.«, sondern »Ich will das nicht essen!«.

Zu einem Gericht kann man »Nein!« sagen, zu Nahrung nicht. Die Zivilisation des Menschen erreicht dann ihren Höhepunkt, wenn er trotz großen Appetits ein Gericht beanstandet, reklamiert, verweigert. Erst die Bändigung des Hungers macht einen Menschen zu einer wahren Person (siehe ☛ Gestell).

So wie der Exzess der Aufklärung jedoch im Faschismus endete, so endet der Exzess der Zivilisation in der Magersucht. Schon Max Schemmler warnte: »Nichts schmeckt so gut wie das Gefühl, keinen Hunger zu haben.«

Martin Heidegger: *Vorträge und Aufsätze.* Neske, Pfullingen 1954, S. 42.

Füllung

»Den Krug füllen, heißt, wissenschaftlich gesehen, eine Füllung gegen eine andere auswechseln.«

In seinen Überlegungen zum »Ding« kritisierte Martin Heidegger an der Wissenschaft, dass diese nur die Füllung, nicht aber die dingliche Beschaffenheit, die maßgebende Wirklichkeit des Kruges zuließe.

»Das in seinem Bezirk, dem der Gegenstände, zwingende Wissen der Wissenschaft hat die Dinge als Dinge schon vernichtet, längst bevor die Atombombe explodierte. Deren Explosion ist nur die gröbste aller groben Bestätigungen der langher schon geschehenen Vernichtung des Dinges: dessen, daß das Ding als Ding nichtig bleibt.«

Heidegger trifft hier jedoch auf das, was seine Art des Vorstellens im Vorhinein als den für ihn möglichen Gegenstand zugelassen hat: den Krug. Dass die Füllung selbst ein Ding ist und sogar wichtiger als der Krug, das wollte er nicht erkennen.

Ist es zunächst das Gefäß, also das Fassende, so ist es im Falle der Atombombe die Explosion, also ein Zustand, den die Füllung annimmt, die Heidegger fasziniert; die ihn jedoch die ☛ Bombe nicht als Ding wahrnehmen und seine eigene Ding-Theorie letztlich in die Luft gehen lässt.

Wer nicht erkennt, dass es im Falle des Kruges die Füllung als Ding ist, welche in ihrer wichtigsten Funktion die Leere beseitigt, und im Falle der Bombe die Füllung, welche die Dinglichkeit des Dings bestimmt, der nimmt auch die Bombe nicht als das Ding war, welches überhaupt erst die Frage nach der Nichtigkeit und Vernichtung der Dinge stellen lässt; der vernichtet schließlich selbst die Dinge und betreibt eine Fortführung der Philosophie mit ganz gefährlichen Mitteln.

Frucht

In früheren Zeiten wurde auch der Mensch als Frucht bezeichnet, so lange er im Leib des Muttermenschen erwartungslos seiner Geburt harrte. Von Leibesfrucht war die Rede, einem schönen Wort, das dem Begriff vom Embryo weichen musste. Gleichzeitig wurde aufgehört, den Heranwachsenden die Geschichte von der Entstehung der Lebewesen anhand der Parabel von den Bienen und den Blüten zu erzählen. An deren Stelle trat *YouPorn* (siehe ☛ Internet).

Nur die Früchte der Bäume, Sträucher und Stauden blieben keusch und zeugen bis heute unter Inanspruchnahme der Bienen und Schmetterlinge, der Schwerkraft und der Winde die süßesten Früchte. Ihnen allen wohnt der neue Samen inne und die Strategie größtmöglicher Verbreitung. Der Wohlgeschmack der Früchte muss als Hinterfotzigkeit der Natur angesehen werden, dient er doch dazu den Menschen zum ahnungslosen Mittel eines gigantischen Fortpflanzungsprozesses zu machen.

Vom kirschkernspuckenden Jungen über die Dame, die angewidert einen nur leicht angefaulten Apfel über den Zaun wirft, bis hin zum Freund gekelterter Früchte, deren samenreiche Reste als Maische auf den fruchtbaren Boden zurückgeführt werden, macht sich der Mensch zum willfährigen Diener der Pflanzenwelt. Er hebt sich in seiner Intelligenz dabei nicht viel vom Eichhörnchen ab, das seine gesammelten Nüsse derart abgelegen vergräbt, dass es sich nicht mehr daran erinnert, und so ermöglicht, neue Bäume sprießen zu lassen.

Im Gegenzug missbraucht der Mensch die Früchte und Pflanzenblätter, indem er sie in vergorenem oder gerauchtem Zustand zum Glücken des eigenen Fortpflanzungsaktes hinzuzieht (siehe ☛ Getränk). So findet das Ringen der Mensch- und Pflanzenheit ein wenig Ausgeglichenheit.

☛ David Baum

Vgl. Michel Foucault: *Folie et déraison.*
Histoire de la folie à l'âge classique.
Gallimard, Paris 1972.

Vgl. **Max Schemmler:** *»Die Foucolie«*,
in: *Zeitschrift für Zeitgenossenschaft,*
Nr. 1, Köln 1975.

Folie

Die Folie wird im Französischen fälschlicherweise mit ›Wahnsinn‹ übersetzt.

Der Titel von Michel Foucaults 1961 erschienenen Dissertation *Folie et déraison. Histoire de la folie à l'âge classique* konnte daher in Deutschland nur als Provokation verstanden werden und wurde zunächst eher kritisch beäugt. In gewissen akademischen Kreisen spottete man mit der Bezeichnung *Fou-cault* (frz. *fou* = Narr) über den Gelehrten.

Erst Max Schemmler machte in seinem Aufsatz »Die Foucolie« (1965) den Übersetzungsfehler produktiv, indem er über dessen tiefer gehende Bedeutung und den Zusammenhang zwischen Wahnsinn und Folie reflektierte. Nach Schemmler grenzt die Folie das Richtig-Übersetzte vom Falsch-Übersetzten ab, ohne es gänzlich auszuschließen. Die Folie begrenzt den durch falsche Übersetzung möglich werdenden Wahnsinn, ohne ihn in ein nicht-sagbares Außen zu verbannen. Erst vor dem Hintergrund des Wahnsinns und »vor der Folie« (vgl. Schemmler) einer denkbaren falschen Übersetzung, kann sich eine korrekte etablieren.

Im Anschluss an diese Erkenntnis kritisierte Schemmler die staatlichen Milieus der Exklusion wie Schulen, Universitäten, Krankenhäuser oder Gefängnisse und forderte eine umfassende Sichtbarmachung aller versteckten Ausgrenzungsmechanismen. Folie statt Folter!

Anstelle des ›Gläsernen Menschen‹ postulierte er den »Folien-Menschen«.

Genie und Folie liegen dicht beieinander.

Daniel Kehlmann

Vom Bestehen und Fortgehen der Dinge

Als Kind denkt man, die Dinge wären in irgendeiner Weise anwesend, man fühlt sich von ihnen angesehen und belauscht, man kann sich nicht vorstellen, daß sie nichts von einem und nichts von sich selbst wissen. Das Rätsel der Dinge liegt darin, wie hartnäckig sie da sind, obwohl sie sonst gar nichts sind als eben das: da.

Und da fällt mir der Stiefelauszieher im Haus meiner Mutter ein.

Woher kam er? Ich weiß es nicht. War er ein Geschenk, von irgendwem an irgendwen, irgendwann, wurde er gar von jemandem gekauft? Schon in meiner Kindheit wußte es keiner. So lange ich denken kann, gab es ihn schon, und doch hat niemand ihn je verwendet. Das Leben ist voller Schwierigkeiten, aber das Problem, daß man es nicht fertigbrächte, sich ohne Hilfsmittel den Schuh auszuziehen, ist normalerweise nicht unter ihnen.

Der Stiefelauszieher im Haus meiner Mutter ist überaus häßlich. Reden wir nicht drum herum, regelrecht abscheulich ist er. Er hat die Form eines Hirschkäfers. Er ist aus hartem Porzellan, und einst war er bunt, aber die Farben sind schon lange verblaßt. Meinte man es ernst mit ihm, wollte man ihn wirklich verwenden, dann ginge das so: Man steckte den Stiefelabsatz zwischen die Hörner des Käfers, dann träte man mit dem anderen Fuß auf den Käferrücken und zerrte mit einer hebelnden Bewegung seinen Fuß aus dem vom Auszieher gehaltenen Stiefel. Ich weiß nicht, wie sich das anfühlen würde, vielleicht wäre es schwierig, vielleicht ginge es wunderbar leicht, ich habe es nie versucht.

Der Mensch gewöhnt sich bekanntlich an fast alles – Regenwetter, üblen Geruch, Luftlosigkeit, schlechte Gesellschaft. Um wie viel leichter ist es, sich an einen hirschkäferförmigen Stiefelauszieher zu gewöhnen, der ruhig Tag für Tag den gleichen Platz im Flur einnimmt. Man duldet ihn, man läßt ihm seinen Ort allein schon deshalb, weil er diesen Ort ja schon so lang inne hatte. Und außerdem, so denkt man, wenn man ihn doch einmal wieder im Vorbeigehen bemerkt: Wer weiß, ob man ihn nicht plötzlich braucht?

Es könnte ja ein Gast kommen, der unversehens in seinen Schaftstiefeln feststeckte und dankbar wäre für hilfreiches Werkzeug – zwar ist das nie passiert, aber undenkbar ist es nicht, und da der Stiefelauszieher nun schon mal da ist und nichts kostet und weder Luft noch Nahrung verbraucht und keinerlei Zuwendung verlangt, läßt man ihn in Ruhe.

So vergehen die Jahre. Man lernt dazu, man geht in die Welt hinaus, man wird älter, wird vielleicht klüger und sicherlich müder, aber jedesmal, wenn man das Elternhaus besucht, ist der Stiefelauszieher noch da. Nach wie vor hat ihn keiner benützt, und natürlich verschwendet man kaum je Gedanken an ihn, aber auf einmal, etwa wenn man gebeten wird, über die Dingheit der Dinge nachzudenken, fällt er einem unversehens ein.

Etwas an ihm nötigt mir Respekt ab. Es kann nicht leicht sein, ein Gegenstand zu sein, den kein Mensch braucht, und doch zu überstehen. So viele Dinge meines Lebens sind in den letzten vierzig Jahren verloren gegangen, so viele zerbrochen, zerfallen und verschwunden: Unzählige teure, schöne und brauchbare Sachen wurden von der gefräßigen Zeit vernichtet – ich vermisse sie, aber keine Macht der Welt kann sie zurückholen. Ihn jedoch gibt es noch. Er steht, wo er stand und stehen wird, vielleicht für immer: häßlich, unbenützt, hartnäckig und stumm. Als gäbe es keine Vergänglichkeit.

☛ **Daniel Kehlmann**

Feuer

Glaubt man der Bibel, so gibt es Feuer schon sehr lange, vielleicht sogar schon immer. Ohne Feuer, so weiß man als Glaubender, kein Fegefeuer, kein Dornbusch, kein Name Gottes, keine Kirche.

Wo Feuer brennt, da brennt Moral, das Mitgefühl, wenn nicht sogar der Mensch selbst. Solange Feuer lodert, ist noch nicht alles verloren, hofft der Hoffende, dass es niemals ausgehen wird. Feuer in Büchern lehrt das richtige Lesen, Bücher im Feuer das falsche.

Die Verbrennung von ☛ Müll ist der verzweifelte Versuch, Kant zu widerlegen. Sie ist zwar umweltfreundlich, doch philosophieschädlich.

Vgl. *Der Andaluse von Köpenick*, IFZ, Deutschland 2015.

Fernglas

Was das Fernglas kann, könnte heute von modernen Kamera- und Bildübertragungstechniken deutlich effizienter erledigt werden. Dennoch ist das Fernglas weiterhin unentbehrlich. So zum Beispiel im Spielfilm, wenn in Inszenierungen vergangener Jahrzehnte gezeigt werden soll, dass das Fernglas heute entbehrlich und den modernen Kamera- und Bildübertragungstechniken unterlegen ist.

Ferner verhält sich Fernglas in filmischer Inszenierung zu Beobachten wie Tonbandgerät zu Abhören (siehe Kurzfilm: *Der Andaluse von Köpenick*, 00:05 ff, 00:17 ff, 00:23 ff, 00:35 ff, 00:41 f, 00:47 ff, 01:17).

Das Fernglas ist folglich das Phantom innerhalb der Repräsentationslogik sowie das Tonbandgerät für die Augen.

Dionne Warwick: *The Windows of The World*, auf: ebd.: *The Windows of The World*. Specter Records 1967.

Fenster

Besteht meist aus Glas. Wird gerne von Architekten vergessen. Eigentlich Lichtquelle (Vermeers Modelle schimmern im gleißenden Strahl), in der Kunstgeschichte jedoch meistens Ausblick aus dem Frauengefängnis (während die Herren draußen den Erdball erobern/Kriege führen durften). Sehnsuchtsmotiv. Schwarzes ☛ Loch der Einsamkeit. ☛ Instrument der Distanz. Geht es zum Hof, kann man mit seiner Hilfe Verbrechen aufklären. Die modernen Fenster schimmern blau wegen der ☛ Schirme dahinter, sind also Laternen des digitalen Solipsismus. In Büroglasfassaden verschwindet das Fenster zugunsten eines allgemeinen Intimitätsterrors, der Hölle der Transparenz.

Das Restaurant im Nordturm des World Trade Center hieß *Windows of the world* (»The windows of the world are covered with rain, Where is the sunshine we once knew? (…) Let the sun shine through«).

☛ **Holger Liebs**

Vgl. Julia Kristeva: *Powers of horror. An essay on abjection*. Columbia University Press, New York 1982.

Fell

Das Fell ist der unerotische Bruder des Pelzes. Während Frauen Pelz aus dem gleichen Grund tragen, aus dem sie ihre Lippen rot schminken (das Phänomen der Totalrasur könnte auch auf die Anti-Pelz-Reklame der Tierschützer zurückzuführen sein), so denkt man beim Fell eher an behaarte Mafiosi im Dampfbad. Beim Menschen wird das Fell als Zeichen fehlender Impulskontrolle und Grobschlächtigkeit gedeutet und demnach als unattraktiv im Fortpflanzungskontext. Beim ☛ Tier sind Felle nur dann wirklich schön, wenn sie sich noch am lebenden Tier befinden und man dieses umarmen oder streicheln kann. Am Lebewesen befriedigt ein Fell den taktilen Sinn, ohne dass sofort Julia Kristeva und ihre Theorie zur Abjektion auf den Plan gerufen werden. Erotisch ist das Fell aber trotzdem nicht, außer man hat seltsame Neigungen. Diese sollen hier aber nicht angesprochen werden, denn dafür gibt es spezielle Publikationen. Natürlich gibt es auch die Felle auf Autositzen, die vor der Erfindung der Sitzheizung immer sehr willkommen waren. Aber jenseits ihrer Funktionalität stillen sie kein Verlangen. Manche Menschen sollen sich ja Felle auch an Stelle von Teppichen auf den ☛ Boden legen, aber die haben noch nicht Roman Polanskis *Ekel* oder Peter Kubelkas *Afrikareise* gesehen.

☛ **Katja Eichinger**

Vgl. Walter Benjamin: *Gesammelte Schriften. Band I, Werkausgabe Band 2*, herausgegeben von Rolf Tiedemann und Hermann Schweppenhäuser. Suhrkamp, Frankfurt a. M. 1980, S. 471–508.

Fax

Seit Anbeginn dient das Fax zur Überprüfung, ob sich an anderen Orten ebenfalls Faxe befinden. Erst das zweite Fax ermöglichte die sichere Bestätigung der Existenz des ersten (*Faxsimilierung*). Trotz moderner Möglichkeiten der Versendung und Reproduktion ist mit dem Fax in Bürokratie und Verwaltung ein Glaube an Originalität und Obrigkeit verbunden. Anders als beispielsweise die E-Mail ist das Fax vor deutschen Gerichten als Anscheinsbeweis für eine Übermittlung weitgehend anerkannt.

»Die Schrift ist unveränderlich und die Meinungen sind oft nur ein Ausdruck der Verzweiflung darüber. Ein Fax ist immer zweifellos.« (KA III, 230)

Aufgrund zahlreicher Eigenschaften ist es das glaubwürdigste und authentischste aller Medien. Im Prozess der Übertragung wird zugleich deren Zeitlichkeit wie der vorausgehende Akt des Verfassens des Faxes in komprimierter Kontinuität wahrnehmbar. An einem Sommernachmittag ruhend in einem Büro am Ende eines Schreibtisches einem Fax folgen, das seinen Schatten auf die Bücherberge wirft – das heißt die Aura dieses Papiers, dieser Tinte atmen. Eine Botschaft aus der Ferne, so nah sie sein mag.

Erstaunlicherweise wurde das Potential des Faxes bisher nicht annähernd erkannt, so konnten sich im Medium Fax bisher auch keine Unterhaltungsformate etablieren. Das IFZ arbeitet daher unter Hochdruck am ersten großen Fax-Roman; ein Gerichtsdrama, welches man vor Gericht nicht widerlegen kann.

Ach, hätte Walter Benjamin doch nur das Fax gekannt!

Die 100 wichtigsten Dinge   Nº 81   E

1
2
3
4
5
6
7
8
9
10
11
12
13
14
15
16
17
18
19
20
21
22
23
24
25
26
27
28
29
30
31
32
33
34
35
36
37
38
39
40
41
42
43
44
45
46
47
48
49
50
51
52
53
54
55
56
57
58
59
60
61
62
63
64
65
66
67
68
69
70
71
72
73
74
75
76
77
78
79
80
81
82
83
84
85
86
87
88
89
90
91
92
93
94
95
96
97
98
99
100

(Für den Sammler: Die aus *Die 100 wichtigsten Dinge* bekannten Exponate sind als limitierte Edition einmalig zu erwerben. Die Preise wurden in Kooperation mit Magnus Resch und der Hans-Werner-Sinn-Stiftung aufwändig ermittelt und betragen pro Exponat in Ihrem Falle mindestens

_____ . _____ , ____ Euro.

(Besitzer dieses Buches erhielten gegen Vorlage einen Rabatt.)

Exponat

Am Anfang und am Ende eines hohen Preises steht immer: das Exponat. Ein Exponat ist völlig wertlos. Erst der Preis macht es wertvoll.

Die Definition von guter Kunst ist damit geklärt:
Gute Kunst ist das, was teuer ist.
Schlechte Kunst ist das, was nicht teuer ist.

☛ **Magnus Resch**

Draht

Kann alle Dinge der Welt modular miteinander verbinden. Ein berühmtes arabisches Sprichwort lautet sinngemäß: »Nenn mir ein Ding, das du nicht aus einem Draht und einem ☛ Stock formen kannst, und ich nenne dir den Preis dafür.«

Ding

Findest Du ein Ding
Das Dir die Welt erklärt

Bleibt nur die Zeile die Du schreibst
Damit die Umwelt es erfährt

Die Reise durch das Nichtverstehen
Kann immer immer weitergehn
Solang Du willst
Dann Stille

Dann hängen Lappen ins Gesicht
Papier klebt an den Schuhen
Geschwärztes Glas bricht über dich
Du hinterlässt auch Spuren

Die Spuren bringen Dich ins Grab und auch hinaus
Mit Macht
Damit ein Herr
Meist bist's Du selbst
Sagt: Es ist vollbracht

☛ **Markus Lüpertz**

Diamant

Der Diamant ist nicht der härteste Stoff der Welt. Er ist genauso wenig die kubische Modifikation des Kohlenstoffs, und am wenigsten ist der Diamant als nicht natürlich vorkommender Feststoff ein Mineral aus der Mineralklasse der Elemente. Diamanten entstehen einzig in der Fabrik der Fehler und sind hyperkomprimierte Triebmanifestationen, um jenseits aller ideeller Konstrukte Emittenten mit Handelsobjekten zu versorgen. Postulate im Sinne der alten organisierten Märkte gibt es gar nicht, und als höchst unattraktiv gelten geschlossene Fonds schon allein ob der Prospekthaftung, so dass notwendigerweise Anlageentscheidungen drastische Maßnahmen erforderten, von denen der Diamant und sein Einsatz auf dem wenig regulierten Markt der Finanz-Dinge als die drastischste verstanden werden muss. In der Liste der *100 wichtigsten Dinge* ist der Diamant das Ding mit den wenigsten Eigenschaften.

Container

Die große Welt ist schlecht, die kleine Welt erst recht!

Um eines klarzustellen: *Die 100 wichtigsten Dinge* sind kein lokales, kein regionales und schon gar kein deutsches Anliegen. Der Wissenschaftsunternehmer von heute muss bei seinen Anstrengungen die ganze Welt im Blick haben, und die Welt, die spricht Container.

Mittels hochfrequenter Ultraschall-Laute können Container über Distanzen von mehreren hundert Kilometern miteinander kommunizieren. Zu Recht werden sie als die ›Riesen der Weltmeere‹ bezeichnet.

Erst wenn sich die wichtigsten Dinge als ☞ Waren in Containern befinden und einen Preis besitzen, können sie (wie Kleidung) zum Wohle aller gewinnbringend sogar bis nach Bangladesh verschickt werden.

Die Sowjetunion verfügte über gar keine Container.

Cigarette

Wer raucht, hat recht. Wer Cigaretten raucht, hat Zeit. Heute wird immer weniger geraucht, dafür haben alle gleichermaßen recht. Wenn aber keiner mehr richtig recht hat, hat auch keiner mehr Zeit. Wer so lange raucht, wie er lebt, hat Glück, denn er hat die meiste Zeit seines Lebens geraucht.

§1 der Statuten des *Instituts für Zeitgenossenschaft* IFZ besagt: Entweder man raucht, oder man kauft den Rauchenden die Cigaretten.

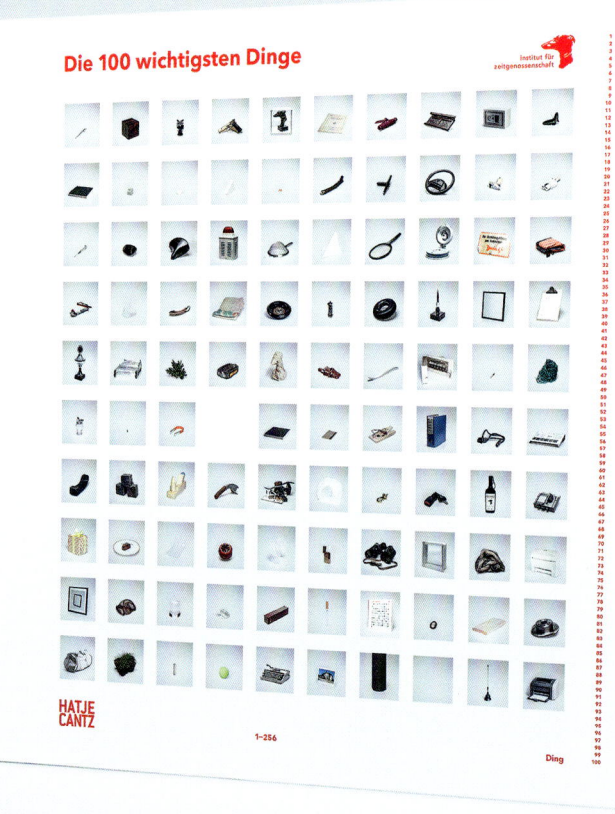

Buch

Schon bevor es Bücher gab, wurden die Dinge erforscht, jedoch erst mit der Entstehung des Buches konnte dieses sich selbst als ← Ding entdecken.

Die Erforschung der Dinge machte das Buch notwendig. Erst in Büchern konnten die Dinge übersichtlich geordnet und einem breiten Publikum zugänglich gemacht werden. In dieser Angelegenheit avancierte das Buch schnell zum wichtigsten aller Dinge.

Die wichtigsten Dinge werden seitdem in Büchern benannt. Wer etwas über die Dinge sagen möchte, muss dies in Büchern tun. Wer über Dinge schreibt und ein Wissen über sie in Büchern fördert, der erfährt Anerkennung, Qualifikation, Reputation. Die Herausforderung besteht seit jeher in der Auswahl und Reduktion. Je wichtiger das Wissen, desto höher der Wert für die Wissenschaft.

Die Wissenschaft der Zeitgenossenschaft hat nun erstmalig in einem Buch herausgefunden, welche Dinge als die wichtigsten bezeichnet werden müssen. Zum jetzigen Zeitpunkt der Forschung muss das Buch *Die 100 wichtigsten Dinge* als das wichtigste bezeichnet werden. Wer etwas anderes behaupten möchte, muss dies ebenso in einem Buch tun.

Andere bedeutende Bücher werden vom *Im Erscheinen Verlag* oder vom *Hatje Cantz Verlag* publiziert.

1   Im Sommer 1972 wurde Gertrud Schemmler (Schwester Max Schemmlers) bei einer Forschungsreise nach Hannover von Räubern überfallen. Die Banditen erbeuten neben Schmuck und Büchern auch zwei Broschen der Schwester. Da Gertrud nur drei besaß, war dies ein schmerzlicher Verlust.

Brosche

Bevor sie zum Zierding geadelt wurde, bestand ihre Aufgabe (noch vor der Erfindung des Knopfes) zumeist darin, kostbare Stoffe zusammenzuhalten. In ihrer Blütezeit schmückte sie Gewänder edler Damen, der Aufstieg zum absoluten Repräsentationsobjekt sollte ihr erst danach gelingen.

Ihre männlichen Kompagnons sind Pins und Krawattennadeln, welche die Zugehörigkeit zu politischen Gruppierungen, Clubs und Interessensgemeinschaften zur Schau tragen.

Doch Brosche bleibt Brosche! Sie drückt weder Zugehörigkeit noch Status aus, sondern verweist einzig auf sich selbst, das macht sie vor allem zeichentheoretisch hochinteressant.[1]

Die Brosche ist somit das letzte Ding, das mit gutem Gewissen gesammelt werden kann, ohne erforscht werden zu müssen. In Broschüren werden regelmäßig die wichtigsten Namen von Broschenträgern veröffentlicht. Broschen ermöglichen auch namenlosen Wissenschaftlern das Veröffentlichen eines ☛ Buches.

☛ **Esra Aydin (Kennerin, Macherin, München)**

Brett

Das Brett wurde 1998 von Rafael Horzon in Berlin erfunden. Er benutzte es zunächst als Unterlage zum Notieren von Geistesblitzen, dann, zusammen mit einem zweiten Brett, zum Pressen von ☛ Pflanzen. 1999 fügte Horzon erstmalig mehrere Bretter zu einem sogenannten Regal zusammen.

☛ Rafael Horzon

Bertram Likursi: *Geschichte als Anhäufung von Gewesenem*. Ariadne, Bielefeld 1968, S. 98.

Bremse

In seinem epochalen Werk über die *Geschichtsschreibung als Anhäufung von Gewesenem* (siehe ← Haufen) hebt Bertram Likursi im Kapitel »Über den Begriff der Bremse« nicht nur ihre begriffliche Wichtigkeit hervor:

»Die Bremse ist stets im Begriff, sich von anderen Dingen zu entfernen, bewegt sich beständig fort. Sie ist aus Stahl, eine Scheibe, allzeit bremsbereit. Eine Bremse muss aussehen wie Bremsen aussehen – *form follows velocity*. Die Bremse wendet sich von Vergangenheit und Zukunft ab. Wenn vor uns am Horizont ein Haufen von Ereignissen erscheint, da hält die Bremse inne, um Katastrophen zu vermeiden. Die Bremse blickt voraus, versucht die Trümmer der Zukunft fernzuhalten. Die Bremse möchte verweilen, bevor der Tod geweckt und das Zusammengefügte zerschlagen wird. Bremse vermeidet Zukunft. Wo gebremst wird, da ist Gegenwart, ist Zeitgenossenschaft.«

Das, was wir Fortschritt nennen, ist eine Bremse.

Vgl. *Der Andaluse von Köpenick*, IFZ,
Deutschland 2015.

Bombe

Benötigt man in demokratischen Gesellschaften für das Führen einer scharfen ↰ Waffe einen Waffenschein, ist das Führen einer Bombe grundsätzlich erlaubt – einen Bombenschein gibt es nicht. Meinungsfreiheit bedeutet, dass jeder eine Diskussion gewinnen kann, wenn er eine Bombe besitzt.

In dem international preisgekrönten Kurzfilm *Der Andaluse von Köpenick* (2015) heißt es: »Mit der Axt zu argumentieren, bedeutet nichts anderes als Überzeugungsarbeit zu leisten.« Das allerdings hat mit der Wirklichkeit in modernen Gesellschaften nicht mehr viel zu tun. Das Abtrennen von Gliedmaßen gilt als barbarisch und antiaufklärerisch. Argumentiert wird mit Bomben, denn nur was explodiert, kann Wirkung entfalten (siehe ↰ Füllung). Ein Kinderlied aus den 1950er-Jahren bringt es auf den Punkt: »Lasst den Finger an der Hand, Deutschland ist ein Bombenland.«

Boden

Das Boden-Theorem der modernen Kriegsführung besagt:

Nur da, wo Boden ist, können ☛ Dinge sein; aber nur da, wo Dinge sind, ist Boden.

Da, wo Boden ist, kann kein weiterer Boden sein; da, wo ein Ding, kein anderes.

Das bedeutet: Da, wo kein Boden ist, ist auch kein Ding und auch kein anderes. Doch da, wo ein anderes Ding ist, muss auch Boden sein. Das bedeutet, wenn ein Boden und ein Ding auf einen Boden und ein Ding treffen, dann haben wir ein Problem: siehe ☛ Waffe.

Batterie

Laut wissenschaftlicher Quellen befanden sich zu Beginn des 21. Jahrhunderts etwa 3,2 Milliarden Batterien unterschiedlicher Größe in ziviler Hand. Das ergab damals knapp 0,5 Batterien pro Erdbewohner. Batterien speichern Energie. Die größte Batterie steht in Rom.

Ball

Unübertreffbares Symbol der kulturellen Evolution.

☛ **Volker Panzer**

Automat

Es rollt und rattert ➤ Reifen/über ➤ Lack und ➤ Teer
➤ Pedal ist schon am schleifen/➤ Getränk noch mal noch mehr
Der ➤ Automat rast über ➤ Stock und Stein/und ➤ Boden schnell hinweg
Am ➤ Steuer die Person leger/mit ➤ Hörer ➤ Fax und ➤ Internet

Vorbei an ➤ Schild, das warnt vor ➤ Tier/so groß wie du mit ➤ Fell
Die ➤ Bremse wird zu kurz gedrückt/doch wie ➤ Rakete schnell
Mit ➤ Hebel nichts zu machen/die ➤ Haube platzt und bricht
Und auf dem ➤ Brett der Armatur/➤ Organ wird zu Gesicht

Die ➤ Tür sie klemmt, das ➤ Feuer brennt/zu fern noch die ➤ Sirene
Mit ➤ Gürtel gefesselt ans ➤ Gestell/wozu noch die Hygiene?
Mit ➤ Röhre pumpen sie den ➤ Schaum/durch's ➤ Fenster in das ➤ Schiff
Zuerst Person im ➤ Sack nach Haus/dann ➤ Feuer auch im Griff

So ratterte der Reifen/mal über ➤ Stock und Stein
Wer zahlt ihn ab nur den ➤ Kredit?/Das ➤ Protokoll sagt: Nein!

(Traditionelles Gedicht)

Auffahrt

Ein ☛ Boden, der den Übergang von einem ☛ Boden zum nächsten Boden ermöglicht.

Max Schemmler: *Die Attrappe.*
Eichbach, Köln 1978, S. 306.

Attrappe

»(...) zugleich ist die Attrappe für die Definition all derjenigen wichtigen Dinge, die keine Attrappen sind, unabkömmlich. Echte Attrappen befinden sich immer dort, wo kein unwichtiges Ding (oder nichts) ist, und sind von Attrappen nicht zu unterscheiden.«

Atom

Seit ihrer Entdeckung im allerersten Jahr beeindrucken Atome unabhängig von ihrer Größe durch ihre Größe. Atome sind allerdings nur so klein, weil alles andere so groß ist, weshalb man über ihre tatsächliche Größe unabhängig von ihrer wahrscheinlichen Größe nichts oder nur sehr wenig sagen kann. Fest steht aber, dass trotz aller Schwierigkeiten die Darstellung von Atomen sinnvoll ist. Dabei gilt der astronomische Satz: Je größer ein Atom dargestellt wird, desto dinglicher erscheint es und desto genauere Aussagen können darüber getroffen werden.

Antenne

Die Existenz von Antennen wurde 1844 von ------ ------------------ auf Grund theoretischer Überlegungen experimentell verifiziert. Eine ------- simplifiziert die leitungslose Übertragung von Sprache, Zeitzeichen, demodulierten -------, also solchen Frequenzen, deren gleichartige Schwingungen nach vorhergehender Verstärkung die Information --------. Der Name Antenne geht auf den Begriff -A------a- zurück. Die ersten Antennen arbeiteten noch mit ----------- und --------; Durch die starken, oberwellenreichen Spannungsimpulse entstanden hierbei auch die gewünschten ---------. Die Nutzung der --------- -- ----- Daten kann aber durch Verschlüsselung erschwert werden.

---- ------- ----------- ---- zur unidirektionalen Übertragung ist so ein Informationsfluss dank energiesparender Miniaturisierung ----- q -- ----- ---- digitalen Peripheriegeräten zum Trotz.

Jacques Derrida: *Copy, Archive,*
Signature. A Conversation on 3D
Printing. Stanford Univesity Press,
Stanford 2010, S. 26–28.

3D-Drucker

Jacques Derrida might say the following:

»What is the difference between offering a photograph, a signed book – for example, a copy of *Sein und Zeit* with an inscription – and offering a 3D print of oneself, of the *Selbst?* In the 3D print of the *Selbst* the author himself, if one may say so, is not only represented, but becomes a *Ding*. The photograph represents him only. It is not an immediately visible double of himself.

A *3D-Drucker* offers an original double, a double that has become an original. There is always the return of a kind of belief, a visual belief in *Dasein*, to speak with Heidegger: a belief in *Vorhandenheit*, the pure *es gibt* (›there is‹).

Heidegger might say the following:

›When one offers a 3D print of his *Selbst*, what counts is first of all the content – but this content is not of the order of *Vorhandenheit* (presence-at-hand) or of *Zuhandenheit* (readiness-to-hand). It is *Dasein*; it is an existence in the form of *Dasein* that is there, that has a world, that is in the world, in the *Erschlossenheit* (disclosedness) that opens the world, ›in truth‹ or in the truth of non-truth, etc.‹

And it is necessary to think 3D printing on the basis of *Erschlossenheit*, even if this means problematizing what Heidegger says about it.

What one sees by way of the *3D-Drucker* and the print of the *Selbst*, beyond the reproduced double, is *Dasein* and is marked by all the possibilities of *Dasein*, therefore it shows the *Selbst*, that the *Selbst* is not a *Ding*.«

Christiane Stenger

Odyssee der Mnemosyne

Christiane Stenger ist Gedächtnisweltmeisterin und hat sich darauf spezialisiert, in kürzester Zeit viele Informationen zu memorieren. Eine ihrer Mnemotechniken ist es, sich anhand assoziativer Geschichten an unterschiedlichste Dinge, Zahlen oder Begriffe zu erinnern. Normalerweise macht Stenger dies allein mittels eines inneren Monologs, um das Memorierte anschließend verbal in korrekter Reihenfolge wiedergeben zu können.

Beim folgenden Text merkt sie sich die 100 wichtigsten Dinge und verwandelt diese zu Protagonisten eines exklusiv für dieses Buch ausgeschriebenen memotechnischen Mythos. Es wird deutlich, dass im Falle der 100 wichtigsten Dinge die gesamten mnemotechnischen Kapazitäten eines Gedächtnisses beansprucht werden müssen; zugleich wird in der Kohärenz des Inkohärenten die facettenreiche Fülle der menschlichen Erinnerungsleistung evident. Tod, Traum, Trauma; eine parataktische Wiedergeburt am Rande des Styx – wer sich in den Räumen eines Gedächtnisses an *Die 100 wichtigsten Dinge* erinnert, der reist durch die gesamte Welt des menschlichen Geistes.

Ich sterbe. Dagegen brauche ich ganz dringend eine ☛ Tablette. Sie ist weit weg. Ich versuche, sie mir mit einem ☛ Draht zu angeln. Das gelingt nicht. Ich schaue noch mal mit einem ☛ Fernglas nach, wie weit sie weg ist. Da entdecke ich einen ☛ Stempel-Abdruck auf dem Fernglas. Es ist der gleiche Stempel des Herstellers, der auch ☛ Würfel fertigt. Ich bin neugierig und fahre hin. In der Fabrik wird gerade der größte ☛ Magnet der Welt hergestellt. Dann klingelt es, es ist Zeit für ein ☛ Gericht. Ich sehe fertig aus. Ich muss zum Friseur. Der steckt den ☛ Stecker an und setzt mir die ☛ Haube auf. Es wird warm. Mein Blick fällt auf sein ☛ Schild. Hier arbeitet man auch mit einem ☛ Hobel. Interessant. Neben dem Schild hänge ich meine Sachen auf einen ☛ Haken und entdecke eine ☛ Taste. Ich bin neugierig und drücke sie. Nun halte ich ein ☛ Geschenk in der Hand. Es ist in ☛ Folie eingepackt, und ich packe es aus. Darin ist das ☛ Internet. Vor lauter Freude bestelle ich mir ein ☛ Sieb. Das kann man immer gebrauchen.

Zu Hause. Ich denke, ich muss etwas Sinnvolles tun, nehme einen ☛ Stift in die Hand. Er funktioniert nicht. Ich schaue in die ☛ Röhre. Wie in einem ☛ Katalog kann ich wählen, was ich sehen möchte. Mein Blick fällt auf die alten IKEA-Kataloge. Ich muss sie endlich zum ☛ Container bringen. Davor entdecke ich einen ☛ Haufen aus ☛ Schaum. Daneben lehnt ein ☛ Rahmen. Ich lege mich auf den ☛ Boden. Ich bin am Boden zerstört. Nichts hilft. Auch nicht der Blick in den ☛ Spiegel, auf den mein Blick fällt. Er macht es noch schlimmer. Es ist zu viel. Ich weiß, ich muss auf die ☛ Bremse treten. Ich greife nach dem ☛ Hörer. Am anderen Ende meldet sich

Platon. Es ist Zeit für die Höhle. Es ist die Hölle. Ich finde nur ein Gestell vor. Ich muss hier raus. Ich besorge mir neue Reifen. Und fahre die Auffahrt hoch. Was mir fehlt, ist ein Getränk. Ein Ball. Und eine Serviette. Ich hoffe auf das Glück, das mir der Drive-in bescheren wird. Ich liege falsch. Ich bekomme nur ein Brett vor den Kopf. Es reicht. Ich muss den Hebel ziehen. So geht es nicht weiter. Ich wähle die eine Nummer. Er kommt. Mit einem Stock. Er braucht ihn. Ich sage ihm, sein Lack ist ab. Und lasse mich fallen. Es riecht nach Teer. Kurz Ruhe.

Ich bin ein Kind und sehe den Zeiger an der Wand und den Pokal. Meine anderen Pokale aufgereiht daneben. Damals habe ich extra eine Vitrine für sie bekommen. Ich hatte früh einen Vertrag unterschrieben, um im Leben weit oben auf dem Podest zu stehen.

Es wird Zeit, sich zu verabschieden. Ich besteige in Gedanken ein Schiff und habe eine Waffe dabei. Sie ist ein Exponat. Sehr teuer. Ich muss weg. Ich wünsche mir eine Rakete. Sie kommt nicht. Ich spüre nur mich. Vielleicht sollte ich ein Organ spenden, bevor ich gehe. Ich stelle mir vor, wie es in einem Tresor aufbewahrt wird. Kostbar. Und doch nicht. Der Tresor ist nur ein Automat, aus dem man ein Organ ziehen kann. Dafür muss man sparen. Reiß dich zusammen. Du musst nur den Gürtel enger schnallen. Dir ein dickes Fell zulegen. Oder alles auf eine Farbe setzen. Beim Roulette. Du könntest jemand anderes sein. Dich verkleiden mit einem Umhang und einem Diamant am Finger. Aber bevor ich gewinne, würde ich wahrscheinlich auch hier in ein Loch fallen. Wie ein Fax würde ich fliegen, fallen, immer weiter fallen. Ich komme an. Ich steige um. Ich trete ins Pedal, spiele, fahre, biege auf die richtige Schiene ab. Schöpfe Hoffnung. Ich bin auf der Suche: nach Füllung. Es läuft. Die Batterie ist aufgeladen. Ich wache auf. Ich bin wieder daheim. Ein Paket ist da. Ich bin glücklich. Der Kredit wird gewährt. Die ganze Arbeit trägt ihre Frucht. Ich bin frei von der Klammer. Für einen Moment.

Da ist dieser ☛ Sitz an der ☛ Tür. Auf dem ich immer kurz verweile, bevor ich den ☛ Müll rausbringe. Es regnet. Ich nehme den ☛ Schirm. Bin wieder am ☛ Steuer. Der Regen ist wie ein ☛ Instrument. Ich schalte meine ☛ Antenne an und lausche. Ich sehe in der Spiegelung des ☛ Fensters einen ☛ Sack. Er ist verschlossen. Ich brauche einen ☛ Öffner. Es gelingt. Ein ☛ Tier springt raus. Rettung. Ich kaufe eine ☛ Pflanze an diesem guten Tag. Es fühlt sich an wie ein Sicherheits-☛ Netz. Es entpuppt sich als ☛ Attrappe. Es war nur eine ☛ Miniatur des Glücks. So klein wie ein ☛ Atom. Alles auf Anfang. Wo ist die ☛ Spritze, wo die ☛ Cigarette? Dunkelheit. Ich falle. Weich auf einen Haufen ☛ Styropor. Das ☛ Ding an sich offenbart sich mir. Es ist ein ☛ Niet. Ich wache wieder auf. Es gibt noch was zu tun. Die ☛ Brosche meiner Mutter, der ☛ Schläger meines Vaters. Die ☛ Ware, die mir blieb. Das ☛ Stück vom Leben. Ich brauche ein Neues. Vielleicht aus dem ☛ 3D-Drucker. Das wäre doch was! ☛ Feuer! ☛ Schale. Feuerschale. Das Wichtigste fehlt noch. Der Blick ins ☛ Buch. Das ☛ Protokoll des Lebens. Dann ☛ Bombe. Dann ☛ Sirene. Dann nichts.

☛ **Christiane Stenger**

Zeitgenossenschaftler

B

Baum, David   181

Autor und Publizist, schrieb u. a. für das sz-Magazin, die *Park Avenue* und MAX, heute ist er Mitglied der Chefredaktion von GQ. Als gebürtiger Österreicher zeichnet sich Baum durch tadellose Umgangsformen und einen bemerkenswerten Geschmack aus. Seine Sachkenntnis ist – auch zum Wohle dieser Publikation – umfassend.

Bönt, Ralf   89

Schriftsteller und Rennradfahrer, schrieb 2012 mit seinem Buch *Das enterhrte Geschlecht. Ein notwendiges Manifest für den Mann* endlich und ein für alle Mal das dringend notwendige Manifest für den Mann. Zuletzt veröffentlichte Bönt 2015 den Roman *Das kurze Leben des Ray Müller.*

D

Drees, Jan   117

Autor und Journalist, berichtet für Radio (*Bayern 2, Deutschlandradio Kultur*), Zeitungen (*der Freitag*), Magazine (*Rolling Stone*) über Literatur. Er verantwortet den Blog *Lesen mit Links.* Zu seinen Veröffentlichungen zählen zwei Romane (*Letzte Tage, jetzt und Staring at the Sun* bei Eichborn) und *Kassettendeck – Soundtrack einer Generation* (Eichborn), sowie *Rainald Goetz – Irre als System*

(Arco). Er kann außerdem schneller rennen als andere, besonders über 800 Meter, was in einem Lebenslauf immer ganz gut klingt.

E

Eichinger, Katja   76, 195

Buchautorin, Journalistin und wegweisende Unterstützerin des IFZ, schreibt u. a. für die *Süddeutsche Zeitung* und die *Vogue.* Zuletzt erschien mit BE ihre Biographie über Bernd Eichinger (2012) sowie der Roman *Amerikanisches Solo* (2014). Sämtliche Filme dieser Welt schaut Eichinger, wenn nicht im Kino, bequem, aber mit kritischer Distanz auf ihrer erst kürzlich erworbenen Corbusier-Liege. *Die 100 Wichtigsten Dinge* hätten ohne das Zutun Katja Eichingers niemals in dieser Form erscheinen können.

F

Fischer, Leo   39

Politiker und Schriftsteller, war von 2008 bis 2013 Chefredakteur des Satiremagazins *Titanic.* Fischer ist Mitglied im Bundesvorstand der Partei DIE PARTEI, Gründer des Portals *Prinzessinnenreporter* und schreibt u. a. regelmäßig für *Jungle World* und *Neues Deutschland.* Seit Oktober 2015 ist er auf dem Twitter-Account von Sascha Lobo offiziell blockiert, Ende offen.

G

Gotto, Lisa   7

Professorin für Filmgeschichte und Filmanalyse an der Internationalen Filmschule Köln (ifs), forscht schwerpunktmäßig in den Bereichen Film- und Mediengeschichte, Film- und Medientheorie, Bildästhetik und Digitale Medienkultur. Gotto war schon vor ihrer Bekanntschaft mit dem IFZ originäre Zeitgenossenschaftlerin.

H

Horzon, Rafael   215

Unternehmer, geboren 1970 in Hamburg, studierte Philosophie und Atomphysik in Paris und München, bevor er 1996 als Fahrer in den Paketdienst der *Deutschen Post* wechselte. Im Jahre 1998 erfand er das Brett. Seit 1999 zahlreiche unveröffentlichte Privatstudien über John F. Kennedy. Sein 2010 erschienener Bestseller *Das Weisse Buch* wurde vermutlich von Skandalautorin Helene Hegemann verfasst. Rafael Horzon lebt und arbeitet in Berlin.

Hunger, Sophie   105

Musikerin und Autorin, veröffentlichte in den vergangenen Jahren mit ihrer gleichnamigen Band zahlreiche bemerkenswerte Langspielplatten – zuletzt erschien ihr mindestens sechstes Album *Supermoon.* 2011 erhielt sie für ihre Musik den *Prix de la Création Musicale de France*, im Jahre 2010 schrieb sie für die

Salzburger Festspiele einen bis heute unbeantworteten Brief an Thomas Bernhard.

J

Jahrgang 1954, Journalist und Autor. 2014 veröffentlichte Jens gemeinsam mit Heribert Schwan den auch vor Gericht leidenschaftlich kontrovers diskutierten Erinnerungs-Bestseller *Vermächtnis – Die Kohl-Protokolle*, 2015 folgte *Du sollst sterben dürfen. Warum es mit einer Patientenverfügung nicht getan ist*. Im nächsten Leben, sagt er, möchte er als Bergdoktor wiedergeboren werden.

K

Schriftsteller, schrieb unzählige internationale (teilweise verfilmte) Bestseller, darunter *die Vermessung der Welt*, *Ruhm* oder *F.* Kehlmann erhielt für sein Schaffen diverse renommierte Literaturpreise, hatte Poetikdozenturen an verschiedenen Universitäten inne und ließ sich 2014 für den Fernsehsender *3sat* vor laufender Kamera von Kunstfälscher Wolfgang Beltracchi malen.

Autor. Tennisschläger-Experte. Über ihn ist nichts bekannt.

L

Autor, Journalist und Kunstkenner, arbeitete für das Feuilleton der *Süddeutschen Zeitung* sowie – nicht zuletzt wegen seiner sonoren Stimme – für den *Westdeutschen Rundfunk*. Seit 2010 ist er Chefredakteur der Zeitschrift *Monopol*, Deutschlands wichtigstem Kunst-Magazin. Jüngst erlebte Liebs mit seiner Mannschaft, der Borussia aus Mönchengladbach, ein paar sehr gute Jahre.

Deutschlands bekanntester Malerfürst, Grafiker, Bildhauer, Autor und Jazzpianist. Genie.

M

Journalist und Autor, schrieb u.a. für die Feuilletons der *Süddeutschen Zeitung* und war von 2012 bis 2015 Feuilletonchef der *Frankfurter Allgemeinen Zeitung*, bevor er 2015 zum *SPIEGEL* wechselte. Bereits vor der Veröffentlichung seines jüngsten Buchs *Der Zirkus: Ein Jahr im Innersten der Politik* sah Minkmar das anhaltende Elend der SPD voraus.

Autor, Journalist und Filmemacher, moderierte zwischen 1997 und 2012 das wöchentlich ausgestrahlte ZDF *Nachtstudio*. Die Herausgeber dieses Buches sind ihm diesbezüglich für alle Zeit dankbar.

P

Autorin und Journalistin, schrieb u.a. für die *Vogue*, die *Vanity Fair*, die *Süddeutsche Zeitung* und die *Frankfurter Allgemeine Zeitung*. Philippi lebt abwechselnd in Berlin und L. A. und ist obendrein, das kann jeder bezeugen, ein ausgezeichneter DJ. Zuletzt erschien ihr Roman *Giraffen*.

Journalist und Autor, ist stellvertretender Chefredakteur von der *Welt am Sonntag* und von *N24* sowie Herausgeber der Magazine *Rolling Stone*, *Musik Express* und *Metal Hammer*. Poschardt ist neben unzähligen anderen Dingen Deutschlands bekanntester PS-Experte. Zuletzt erschien eine überarbeitete Neuauflage seiner berüchtigten Promotionsschrift *DJ Culture*.

R

Unternehmer, *YouTube*-Star und Bestsellerautor, ist zu gleichen Teilen Professor wie Doktor. Alle Firmen, die er gründete, wurden zu Gold. Alle Bücher, an denen er mitwirkte, wurden zu Bestsellern. Seine Publikation *Management von Kunstgalerien* revolutionierte 2014 den Kunstmarkt.

Institut für Zeitgenossenschaft IFZ

Seit seiner Gründung im Jahr 2011 sucht das IFZ nach einem richtigen Leben außerhalb des falschen. 2012 gewann es dafür bereits den Internationalen Preis der Künste. 2014 wurde es von der Deutschen Institutsforschung DIF, Wismar, unter über 200 getesteten Forschungseinrichtungen als einzige mit der Note 1,0 (sehr gut) ausgezeichnet. Mit seinen Projekten entwickelt das IFZ dringliche Ansätze zur Entfaltung von Zeitgenossenschaft als Fragestellungen besonderer Ordnung: Wie lassen sich wissenschaftliche, philosophische, soziale oder ökonomische Phänomene der Gegenwart in ihren medialen, kommunikativen oder technischen Rahmungen erforschen, wenn punktuelle Erscheinungen im Jetzt sich beständig der Beobachtung entziehen und zumeist nur rückblickend (oder gar nicht) beschrieben werden können. Hierfür – so eine zentrale Prämisse der vom IFZ programmatisch ausgerufenen ›Neuen Düsseldorfer Dringlichkeit‹ – müssen institutionelle, bürokratische und methodische Grenzen der Wissenschaft überschritten werden, damit Erkenntnisse in allen Bereichen der Gesellschaft gewonnen werden und auch Anklang finden können. Mittels einer Neuformulierung von Wahrnehmung verhandelt das IFZ dabei zwischen Bürokratie und Wirklichkeit. Eines der formulierten Hauptziele ist die Entdeckung und Erforschung des Gegenteils von Verwaltung.

Direktor

Mühlenberg, Tilman Ezra

1981 in Krefeld geborener Wissenschaftler, Musiker und Lektor, gründete 2011 gemeinsam mit Timon Karl Kaleyta in Düsseldorf das *Institut für Zeitgenossenschaft IFZ*, nachdem er bei einer Auktion zwei sehr schöne Bronzestatuen eines Windhundes erworben hatte. Er schloss an der Heinrich-Heine-Universität Düsseldorf mit einer Arbeit über James Joyce ab und lehrte dort anschließend zu verschiedenen Aspekten der Sozialphilosophie, zum russischen Formalismus und zum Verhältnis von Ästhetik und Politik. Um bei dem sehr komplexen und zeitaufwändigen Projekt *Die 100 wichtigsten Dinge* den Überblick zu bewahren, verfasste er zwei unveröffentlichte Dissertationen über James Joyce und Ludwig Wittgenstein.

Geschäftsführer

Kaleyta, Timon Karl

1980 in Lagos geborener Autor, Musiker und Galeriedirektor, gründete 2011 mit Tilman Ezra Mühlenberg in Düsseldorf das *Institut für Zeitgenossenschaft IFZ*. Kaleyta besuchte hintereinander die Elite-Universitäten von Bochum, Madrid und Düsseldorf, studierte erfolgreich Literatur, Soziologie, Internationale Beziehungen, Politik und Medienwissenschaft und schloss mit Arbeiten über Helene Hegemann, Richard Wagner, Pierre Bourdieu und das deutsche Rentensystem ab. Mit seiner Band Susanne Blech veröffentlichte er drei Langspielplatten, die in sämtlichen Feuilletons Deutschlands verrissen wurden. Er publiziert regelmäßig in der Wochenzeitung *der Freitag* und ist zum Wohle des Instituts ein ähnlich begabter Netzwerker wie sein Vorbild Carsten Maschmeyer.

Beirat

Schlesinger, Martin Martin

1980 in Bamberg geborener Autor, Wissenschaftler, Musiker, Filmemacher. Gründete den renommierten *Im Erscheinen Verlag*, den Hausverlag des *Instituts für Zeitgenossenschaft* IFZ. Nach einem Studium der Medienkultur am Weimarer Bauhaus, wo er allen bekannten und für diese Publikation relevanten Denkern der Gegenwart persönlich begegnete, lehrte er an der Universität zu Bochum. In seinem zweijährigen, südamerikanischen Exil erforschte er in Belo Horizonte das Brasilien der Bilder und in Rio de Janeiro die Ästhetik kinematografischer Enge. Er gilt als Entdecker des filmischen Neorealismus.

Frau und Gleichstellungsbeauftragte

El Ouassil, Samira

1985 in München geborene Autorin, Schauspielerin, Politikerin und Mitglied bei *Mensa*, gilt als Deutschlands erste und schönste außerparlamentarische Kanzlerin (DIE PARTEI). Sie studierte an der Ludwig Maximilian Universität

München u.a. bei Ulrich Beck und Wilhelm Vossenkuhl, die in diesem Buch jedoch nicht namentlich erwähnt werden. El Ouassil ist uneingeschränkte Verfechterin des generischen Maskulinums und unerlässlicher Mitarbeiter sowie Muse des *Instituts für Zeitgenossenschaft* IFZ.

Fotografischer Leiter

Lorenz, Mischa

1989 in Bochum geborener Fotograf, Filmemacher und Designer, schoss allein für die vorliegende Publikation mindestens 100 Fotos. 2010 begann er ein Studium an der Fachhochschule Düsseldorf, das er aufgrund internationaler Verpflichtungen vorraussichtlich nie abschließen wird. Lorenz drehte zahlreiche Musikvideos und Dokumentarfilme und beschäftigt sich zur Zeit intensiv mit der Erforschung der Prä-Fotografie, den Bildern vor ihrer Auslösung. Aufenthaltsort unbekannt.

Fellow

Schmitt jun., Wolfgang M.

geboren in Neuwied, Jahr unbekannt, ist Literaturwissenschaftler und Ideologiekritiker, promoviert an der Universität Trier über das Spätwerk Ernst Jüngers. Schmitt jun. verfasst und moderiert das wöchentliche *YouTube*-Magazin *Die Filmanalyse* und begann 2015 mit seinem Gastbeitrag für diese Publikation über den Kredit seine beratende Tätigkeit am *Institut für Zeitgenossenschaft* IFZ.

Sprecher

Potulski, Andreas

1980 in Berlin geborener Schauspieler verschiedener Medien, Produzent verschiedener Formate, Autor von verschiedenen Stoffen und buchbarer Personality-Coach.

Dieses Buch wurde zu einem großen Teil durch eine Crowdfunding-Kampagne über die Plattform *Startnext* finanziert: www.startnext.com/100dinge

Das IFZ dankt allen 121 offiziellen Unterstützern:

Besonders hervorheben möchte das Institut die wissenschaftliche wie monetäre Mithilfe folgender berühmter Zeitgenossenschaftler: Esra Aydin, Sabrina Blembel, Stephanie Blume, Dominic Boeer, Ingmar Burmann, Deana & Jean Dähne, Xavier Dolan, Kathrin Euler, Oliver Fahle, Rubin Friedrich, Diane Fröhnel-Djitté, Bernd Gajewski, Kai Gesing, Anja Gottwaldt, Robin Hemmer, Michael Hülsmeyer, Oliver Ihrens, Enrico Karolczak, Edward Klingenberg, Serge Andreas Knopf, Theodoros Kudios, Wolfgang Lackerschmid, Sebastian Maier, Ingo J. Mathes, Heather Merckle, Philipp Mühlenberg, Lili Negroni, Patrick Niemeier, Mathias Richel, Christian Riege, Martin Ringwelski, Stefanie Roenneke, Bernd Ruffer, Franziska Schlesinger, Stefanie Schlesinger, Philipp Sturm, Gediz Taskaya, Thomas Temme, Anh Thu Vu.

Das IFZ bedankt sich zudem herzlich bei seinen Geschäftspartnern:

Max Schemmler Foundation, New York.
Vielen Dank für die Gedanken!
Eifelion Gmbh, Daun.
Vielen Dank für den Gin!
Björn Gralla, Contra Promotion GmbH, Bochum.
Vielen Dank für das Geld!
Rafael Horzon, Moebel Horzon, Berlin.
Vielen Dank!
Christoph Kemper, Kemper GmbH, Recklinghausen.
Vielen Dank für das Instrument!
Familie Riege, Riege Software International GmbH, Meerbusch.
Vielen Dank für die Logistik!
JT International Germany GmbH.
Vielen Dank für die Cigaretten!
Kulturamt Düsseldorf.
Vielen Dank für die Förderung!

Besonders hervorheben möchten wir an dieser Stelle den Mut, den Einsatz und die Begeisterung der wunderbaren Katja Eichinger. Ohne sie wäre das vorliegende Buch nicht im Hatje Cantz Verlag erschienen. Das IFZ widmet ihr daher jede Seite dieser Publikation mit herzlichster Dankbarkeit.

Die Namen folgender Personen klingen besonders schön und wichtig.
Großer Dank an: Hubertus Albers, Michael Angele, Charlotte Baiersen-Schemmler, Maxim Biller, Susanne Blech, Johannes Boss, Sebastian Dalkowski, Bernard Donfack, Julia Eckel, Markus Feldenkirchen, Rupert Gaderer, Steven Geil, Edo Gersdorf, Greg Gorman, Anja Gottwaldt, Dominik Grötz, Markus Hartmann, Manuel Iljitsch, Jennifer Jeromin, Alexander John, Josef Kleinheinrich, Daniel Köhler, Marie Köhler, Jelka von Langen, Bertram Likursi, Joachim Lottmann, Sebastian Maier, Mohammed VI./König von Marokko, Oliver Polak, Rocko Schamoni, Cedric Schanze, Dominik Scharf, Sebastian Scharf, Max Schemmler, Vincent Schmidt, Katharina Schmitz, Nora Sdun, Bastian Sevilgen, Antje Stahl, Harald Staun, Lena Steeg, Philip Tacer, Tobias Textor, Frank Thom, Zeynep Topal, Jobin Vazhayil, Laura & Jerome Vazhayil, Horst Wackerbarth, Chris Wawrzyniak, Olga & Mila Weimer, Uli Wilkes/Pro TV Produktion GmbH.

Familien
El Ouassil, Kaleyta, Lorenz, Mühlenberg, Schlesinger.

Die 100 wichtigsten Dinge wurden als performative Ausstellungen mit ausgewählten gerahmten Originalexponaten und hypermedialen Vorträgen bisher an zwei Terminen exklusiv der Öffentlichkeit präsentiert. Das IFZ dankt allen Institutionen und Personen, die diese Ereignisse – auch als noch kein derartiger Erfolg zu erahnen war – ermöglicht haben.

15.12.2012: *Junge Nacht 2012, Museum Kunstpalast*, Düsseldorf
31.08.2013: *Düsseldorf Denken. IFZ – Jahrhundertschau des Wissens*, im Rahmen des Projekts *Größenwahn im Reservat*, Atelier Horst Wackerbarth, Düsseldorf

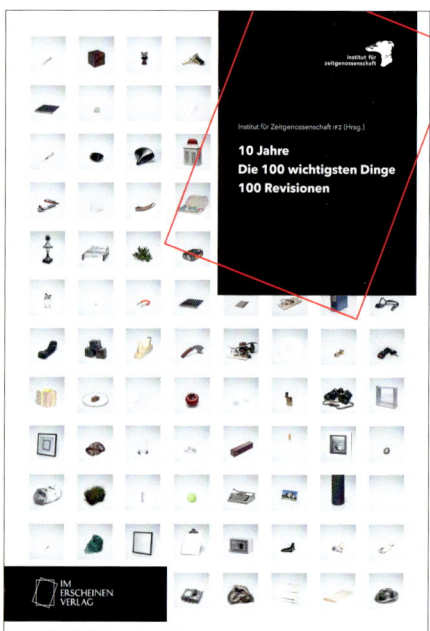

Im Erscheinen Verlag

Der *Im Erscheinen Verlag* aus Düsseldorf
ist der einzige deutsche Verlag mit einem
Schwerpunkt auf Publikationen, die sich
im Erscheinen befinden. Das Programm
beinhaltet ein breites Spektrum an wissenschaftlicher Fachliteratur, Romanen,
Sachbüchern und Bildbänden. Er wurde
2011 von Martin Martin Schlesinger als
Hausverlag des *Instituts für Zeitgenossenschaft IFZ* gegründet.

Für die Publikation *Die 100 wichtigsten
Dinge* kooperierte er erstmalig in inhalt-
lichen, programmatischen wie gestalte-
rischen Belangen mit dem Hatje Cantz
Verlag, Ostfildern.

Eine verlagsinterne Monatsschrift mit
dem Titel *Das Organ* befindet sich im
Erscheinen.

Institut für Zeitgenossenschaft ɪꜰᴢ (Hrsg.)

10 Jahre
Die 100 wichtigsten Dinge
100 Revisionen

Vor 10 Jahren erschien ein bahnbrechendes Buch, welches die Wissenschaft nachhaltig verändern sollte: *Die 100 wichtigsten Dinge*.

Das Werk, das zunächst bescheiden als ein grundlegendes Kompendium der zeitgenossenschaftlichen Forschung gedacht war, schaffte es, sich innerhalb weniger Jahre von einer gelegentlich erwähnten Fußnote zu einem vielzitierten und berüchtigten Standardwerk zu entwickeln. Die zeitgenossenschaftliche Dingforschung entfaltete eine Strahlkraft in teils weit entfernte Disziplinen und Fachrichtungen.

Aus vielen Handapparaten zahlreicher kultur- wie auch naturwissenschaftlicher Fakultäten sind die einstigen Errungenschaften des *Instituts für Zeitgenossenschaft ɪꜰᴢ* heute nicht mehr wegzudenken.

Zum 10-jährigen Jubiläum wird mit einer nicht weniger wegweisenden Publikation die sogenannte ›Zeitgenossenschaftliche Wende‹ (*contemporary turn*) in 100 Essays bekannter Zeitgenossenschaftler wie weiterer wichtiger Wissenschaftler und Denker nachgezeichnet.

Was waren *Die 100 wichtigsten Dinge* – und was ist aus ihnen geworden? Mittlerweile weiß man mehr!

Eine Kooperation des Hatje Cantz Verlags und des Im Erscheinen Verlags. Im Erscheinen 2026.

Institut für Zeitgenossenschaft IFZ (Hrsg.)

Redaktion & Lektorat
Samira El Ouassil, Timon Karl Kaleyta,
Tilman Ezra Mühlenberg, Martin Martin Schlesinger

Fotografien
Mischa Lorenz

Projektmanagement
Julika Zimmermann, Hatje Cantz

Buchgestaltung & Satz
Langesommer –
Atelier für Grafikdesign und Typografie

Logo-Design IFZ & Im Erscheinen Verlag
Danja Mathari

Schrift
Avenir Next & Fazeta

Herstellung
Heidrun Zimmermann, Hatje Cantz

Druck
Offsetdruckerei Karl Grammlich GmbH,
Pliezhausen

Papier
BVS matt, 150 g/m²

Buchbinderei
Lachenmaier GmbH, Reutlingen

Umschlagabbildung
Die 100 wichtigsten Dinge

Alle Texte wurden, wenn nicht namentlich gekennzeichnet, von den Herausgebern und Autoren des *Instituts für Zeitgenossenschaft IFZ* verfasst.

Als weitere Beiträge wurden spontane Tonaufzeichnungen von Andreas Potulski zu folgenden Dingen verschriftlicht: ☛ Antenne, ☛ Diamant, ☛ Klammer, ☛ Tresor.

Besonderer Dank gilt Esra Aydin, die das IFZ in künstlerischen wie personellen Angelegenheiten beraten und im Falle der ☛ Brosche als Expertin fungiert hat.

Der Text über das ☛ Ding von Markus Lüpertz erschien erstmalig in: Markus Lüpertz: *Narziß und Echo. Texte, Reden, Gedichte 1961–2004*, hrsg. von Siegfried Gohr, Buchkunst Kleinheinrich, Münster MMVII, S. 80. Veröffentlichung mit freundlicher Genehmigung des Autors und des Verlags. Eine gesungene Version wurde unter dem Titel *Findest du ein Ding* auf dem Album *Herzschmerz – Lüpertzlieder* (HGBS, 2015) von Stefanie Schlesinger und Wolfgang Lackerschmid vertont.

Folgende Personen hätten wir für die vorliegende Publikation gerne als Zeitgenossenschaftler gewonnen. Die Gründe, weshalb es dies nicht gelungen ist, sind unterschiedliche, bedauerliche oder uns nicht bekannte. Für alle Zeit offen jedoch steht die Tür zum Institut weiterhin für: Norbert Bolz, Gregor Gysi, Christian Kracht, Judith Rakers, Denis Scheck, Harald Schmidt, Gerhard Schröder, Samdech Preah Bâromneath Norodom Sihamoni, Peter Sloterdijk, Benjamin von Stuckrad-Barre, Christian Ulmen, Moritz von Uslar, Franz Josef Wagner, Roger Willemsen, Juli Zeh, Slavoj Žižek.

Erschienen im Hatje Cantz Verlag
Zeppelinstraße 32, 73760 Ostfildern
Tel. +49 711 4405-200, Fax +49 711 4405-220
www.hatjecantz.de
Ein Unternehmen der Ganske Verlagsgruppe

ISBN 978-3-7757-4114-9
Printed in Germany

Saeculum lucis et veritatis